秦腔历代故事戏脸谱

中国戏曲脸谱

高登云 撰文

绘图

下

学苑出版社

五代
故事戏

按：五代故事戏多见于《残唐五代史演义》及《飞龙传》。赵匡胤、李存孝戏较多。如《沙陀国》、《五牛分尸》等戏较多现台于关中及甘肃各地。过去民间过春节帖年画多见《赵匡胤送京妹》，扮社火跑竹马亦多见。

《反五侯》

　　朱温令葛存周逼王重荣、韩鉴、曹顺、周顺、赫连铎五路诸侯合攻李克用,均为李存孝所擒。存孝卸甲受风寒病卧,赫连铎部将高思继挑战,连败李诸将。李克用不使存孝闻知。而李义子李存信、康君利素嫉存孝,欲假高思继手杀之,激存孝带病出战。存孝生擒高思继。高降李克用。

　　一名《擒五侯》,曾与《战潼台》合演为连台前后本戏。见《残唐五代演义》第二十九至三十一回。李应才、王正财、马裕斌、秦鸿魁等常演于渭北、关中各地。陇东和西府亦泛演。

朱温

韩鉴

曹顺

周顺

王重荣

赫连铎

《无缨枪》

　　王彦章攻晋王李克用，连斩李部将李存孝、李存信。李急命李嗣源往请高思继至，与王彦章对敌。格斗一日；王彦章不敌，夜观兵书，悟得"防家不会，会家不防"之论。翌日交战，用高思继擅战之"回马枪"将高挑死。

　　一名《查河北》，又名《铁枪王彦章》，见《残唐五代史演义》第三十七、三十八回。

　　先辈咸阳梁德旗及兰田李应才均擅演。西安朱育国亦常演出，对王彦章曾画三四种脸谱。

李克用

李存孝

高思继

李存信

康君利

王彦章

《苟家滩》

史彦唐、高行周随李克用、李嗣源、石敬瑭、郭威、刘智远等人共在苟家滩合攻王彦章，王不得出。高保童为与父高思继报仇，邀集一伙童年少壮，困王彦章自刎而死。另有《鸡宝山》，夹写赵霸劫粮事。

一名《狗家疃》，见《残唐五代史演义》第四十二回。汉剧有《狗鸡滩》，秦腔叫《苟家滩》。

王彦章以下两谱是专工花脸之朱育国（过去叫朱存林）在舞台上曾经用过的。20世纪30年代末，朱在泾阳觉民社，当时在石桥一个集镇中午演出，满脸画了一只青蛙。那日看戏的人很多，因其破格画脸，整个一出《苟家滩》惹得台上台下"大黄"（术语：大笑）不迭。但当时在行内对此却有不同看法，朱的态度是我行我素。西安市1986年重阳节成立了老年文艺协会，朱由玉门退休回来，我们作别四十多年又同台了，曾提及当年为什要那么画脸？他说师傅王禄林曾那样画过。但我觉得不可取。今画在纸上说明秦腔舞台上，过去曾有过的一个小插曲，以供来者借鉴。

王彦章　王彦章

高保童　高保童

《凤台关》

　　苏逢吉谗害郭彦威，史弘肇保救，反被诛戮；史弟彦超闻报，星夜投奔郭彦威。郭乃兴兵反攻汴梁。兵至凤台关，守将慕容彦超因病坚守不出。其妾姚丽娟与副将陆双成私通，开关迎降；郭彦威遂占凤台关。汉隐帝（刘承祐）宠幸西宫苏妃。苏妃之父苏逢吉掌握兵权，久欲谋篡；于府中设宴，请帝妃临幸，暗设伏兵欲弑帝。皇后柳瑞莲知其诈，劝帝勿往。隐帝不听。苏妃又代父申辩。及帝往，果中计被困，幸柳后预遣壮士赵甫救其出险。苏逢吉率众欲屠宫，柳后等力战，将苏逢吉擒获。柳后欲杀苏妃，帝代求免。柳后不允，杀死苏妃。苏友郭彦威围城。

　　一名《汴梁图》、《汴梁杀宫》，又名《北汉王》及《彦威造反》。原剧尚有刘承祐自杀，郭威登基事。秦腔名家史易风、佘庆民、袁兴民、孙新晟、王朝民、王新民、汤秉忠、张新华、王育华等在20世纪30年代泛演于陇东各县市。

苏逢吉　　　　　汉隐帝

陆双成　　　　　郭彦威

《飞龙传》

北汉王刘承祐怒南唐不纳岁贡，遣赵宏殷征讨。南唐不敌请降。赵子匡胤在家与罗延威、张光远为友。一日独游，遇陈抟弟子苗训相面，占其有帝王之分，匡胤怒斥之。与二友游城隍庙，戏骑泥马。泥马飞驶，为周凯巡街所见，奏匡胤妖言惑众。适赵宏殷奏凯回朝，帝念其有功，将匡胤发配河北。匡胤至河北，大名镇使窦溶厚待之。

柴荣

赵匡胤

赵宏殷

《锁金桥》

赵匡胤游勾栏，结识韩素梅，一见钟情，于醉中梦呼梓童，遂订情。恶霸韩通争风寻衅，为赵所殴，纠众报仇。赵得罗、张二人助，将恶霸韩通打退。窦溶遣匡胤回汴梁。时刘承祐因南唐进美女，设御勾栏，时往游宴。匡胤之父赵宏殷谏奏，被责逐出。匡胤携二友至汴梁，亦游勾栏。试坐宝座，为太监所见。太监欲捕拿，赵匡胤留名而逃。至家，见父不乐，问婢，知父被责事，怒入勾栏，杀死美女，复留名于壁而逃。周凯入奏，宏殷不承，帝乃命周往大名搜查。匡胤逃至关西，遇柴荣结交，助柴荣闯锁金桥，打强索行人税之董家五虎（福、禄、寿、逵、喜）。双方约至九里十八湾决斗，郑子明助赵、柴打败五虎。三人结义。

内《闹金街》、《董家桥》、《洒金桥》亦单折演出。关中皮影、跑台子、大戏腔常演节目。

董福

董禄

董寿

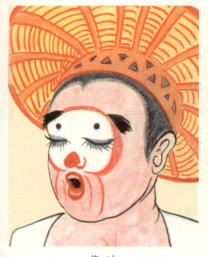
董逵

董喜

韩通

《困曹府》

赵匡胤大闹勾栏逃走，匿居曹彬家中。偶出游，因面生肉瘤，几为关卒识破。赖曹彬之嫂，误认为己夫曹仁，呼之，始脱险。嫂归，羞愧自缢。后赵封其为华山娘娘。后赵梦中遇华佗为之割瘤，乃得出关。

见《盛世宏图》传奇。李步林、董育生、赵振华、龚秉民皆擅演。

《送京妹》

赵匡胤路经古寺，救出为山寇张广、周进所劫掳之少女京娘。为避嫌疑，二人结为兄妹。赵又亲自护送其回家。女父欲以京娘许婚，匡胤拒之而去，京娘思赵不得自尽，魂随匡胤。

见《风云会》传奇、《警世通言》卷二十一及《今古奇观·赵太祖千里送京妹》。赵振华、赵云峰、杨醒华、王桂玉、张振民、郑生云等均擅演。解放后陕西省戏曲研究院曾为新生苗德发、焦瑞霞排演，但不常演。

曹仁

张广

赵匡胤

周进

《打瓜园》

　　郑恩卖油，路经陶洪庄园，摘食其瓜，为丫环所见。陶女三春与郑斗不胜。陶洪出，郑见其跛而且又老，轻之，与斗吃亏。陶洪喜其勇，招赘为婿。

　　见《飞龙传》。20 世纪 30 年代西安正俗社徐正良、高正利（先名正登）代表作之一。1938 年，笔者在甘肃泾川各地，与赵正凯、马裕斌、孙宝华等演出，将《翠屏山》石秀舞之"六合刀"移植于陶洪与众演武之用；再是依秦腔传统棚拳、拐子拳、六圪塔，泛演于泾川县西郊。舞台对面时值西瓜开园，群众厚道献上几个大瓜，使戏增色。精彩的武打交手，拳棒相加，惹得观众叫好不迭。

陶洪

郑子明

《高平关》

郭威登基，攻高平关不克，乃用苗训计，囚赵匡胤生父，逼赵往高平关取高行周之头。赵不得已前往。高行周占知赵来，加以戒备。赵至哀求，高始不许；后赵许封其二子怀德、怀亮王爵，高并约以赵妹许婚怀德，始自刎。赵捧高头复命。

与《白虎堂》连场演。又名《托印》。李应才、梁德旗、田德年、张建民、申正坤等均擅演。

《南界关》

周世宗柴荣令赵匡胤征寿春。守将刘仁赡出战，不胜，刘妻徐金花助战。刘妾花迎春与参镇何延锡私通，被徐破撞。花哀求，徐许缓其死。花惧与何暗献城池，刘仁赡为周兵所擒，徐金花负子力战闯出周营。刘仁赡不屈死节。赵匡胤敬其忠，仍命徐金花守寿春。

刘仁赡可用须生扮演。

刘仁赡

高行周

高行周

何延锡

《四红图》

　　赵匡胤行刺刘化王事败逃走，刘命大将杨滚、崔龙等严守城门缉拿。崔龙将赵拿获；适有曹仁与赵面貌相似，自外归来，又被杨滚误为匡胤拿获，与崔在金殿争功。勘问匡胤、曹仁，难辨真伪，曹弟曹义亦难辨别。乃押二人至曹家细认，匡胤遂被识出。而曹氏兄弟敬匡胤为人，反定计助其刺死刘化王。张光远、罗延威（红脸扮）亦至，助赵勘定燕京。

　　一名《闹金阶》，王集荣、张德明、常俊德、孔新晟、月月子常演于庆阳、泾川一带。高新平、李步林曾传与芭益民，因功架多演《下河东》。陕、甘等地皮影及跑台子（木偶戏）皆泛演。

曹 义

杨 滚

刘化王

宋代故事戏

按：宋代故事戏以"杨家将"、"包公案"、"水浒传"、"说岳"为四大支柱。另见于"三言两拍"、元杂剧、明传奇者亦多。

《小尧天》

赵匡胤在陈桥黄袍加身,诸将拥戴,复回汴梁。韩通不服,兴兵反抗。王彦升攻之,韩通兵败,被杀。赵佯怒,欲斩王,陶谷代求免罪。赵即帝位,借杯酒,解除诸将兵权。

一名《陈桥兵变》,又名《韩通殉节》。见《宋史》。赵云锋、郑生云、齐发民演出,小戏常泛演。

《斩黄袍》

柴荣死,苗训计加黄袍于赵匡胤身,使继帝位,改国号宋。赵匡胤封郑恩为北平王。河北韩龙进韩素梅,受封游街,遇郑恩。郑恩怒打韩龙,韩逃入宫。郑见赵匡胤力谏,赵宠幸韩素梅,醉后怒斩郑恩。郑妻陶三春怒而引兵围宫。高怀德闯宫,赵酒醒痛悔。高斩韩龙,登城调解。陶三春斩赵所服黄袍泄忿。赵许为郑追荐,三春始退兵。

又名《桃花宫》、《斩郑恩》。红生唱工戏之一。袁克勤、崔山岗、袁相如,泾阳陈仁义等均擅唱。

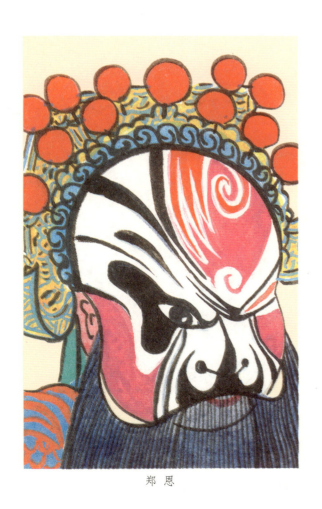

郑　恩

韩　通

《卖华山》

　　华山道长陈抟，与游山客人赵匡胤下棋，以西岳华山为赌注。陈胜赵输，陈讨封，赵遂封以华山。

　　见《宋史》。一名《输华山》或《当华山》。秦腔须生功架唱表神态戏之一。亦称"相皮子角儿"（做得极幽默）。解放前秦腔常演戏之一，赵云锋、赵镇华、郑生云、权三民、齐发民、肖奋和、何家彦、芭田德等各见其长。

陈抟老祖　　　　　　　　　　赵匡胤

《佘塘关·七星庙》

　　五代末，杨滚、佘洪、崔子建、呼延平在北汉同僚。杨滚知佘洪有女赛花，美而好武，为子继业求婚，佘洪犹豫；崔子建亦求呼延平代向佘为子崔龙求婚，佘洪老迈健忘，漫应之，旋悔，向双方敷衍。佘赛花射猎，恰遇杨继业，互相爱慕，暗订终身。崔子建看佘洪模棱两可，用呼延平之计，绘杨继业与崔龙图像，故将杨貌丑化，送佘洪选择。佘赛花怒而撕画像，父女反目。佘子佘英献计，使杨继业与崔龙比武，胜者入赘。崔杨比武正酣，赛花突闯入，打败崔龙。崔则坚使杨、佘再比，赛花佯败，呼延平乃借词狡辩，继业含怒而归。杨滚闻信，至佘处质问，与崔子建冲突，双方格斗。佘洪助崔，佘英被继业擒去。呼延平乘机假称佘英遇害，赛花怒，为弟报仇，直攻继业。继业败走七星庙，智擒赛花，说明真相，再缔姻缘。呼延平悔恨认罪，杨佘和好。

　　1930年咸阳益民社关全民、赵文国、杨苓中、樊生（武旦）常演戏之一。

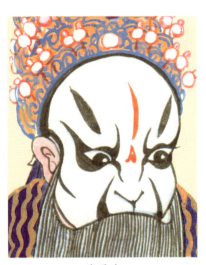

崔子建

佘洪

杨滚

呼延平

杨继业

佘英

《锤换带》

　　宋赵匡胤征北汉，被困狮子崖。杨滚义子高怀亮因救兄高怀德，用回马枪击败奸臣崔应龙。崔向北汉王刘崇进谗言，诬杨泄家传枪法于敌国。刘崇命杨滚擒高怀亮以自白。杨故命三子佯败，放高逃走；三子继业不听，反为高所败。杨滚怒，亲追高；高以实告，杨乃教以家传枪法，纵之逃走。杨滚兵至狮子崖，赵匡胤出战，不敌。杨滚降宋，以锤换带为信。

　　习惯名《马踏五营》，又名《狮子崖》、《汜水关》。

《下河东》

　　赵匡胤亲征刘崇，以欧阳方为帅。欧阳方私通北汉，约劫宋营。兵至，匡胤危急。先锋呼延寿廷、金定兄妹击败白龙太子，欧阳方反诬其出战不力，先行棍责，后又斩了呼延寿廷；更逼胁赵匡胤。

　　一名《白龙关》，又名《斩寿廷》。昇平署本欧阳方作欧阳枋。见《北宋杨家将演义》第一回。或谓呼延寿廷与欧阳方皆为北汉所使，诈降宋，呼延反汉，故欧阳杀之。

欧阳方

北汉王（刘　崇）

崔应龙

白龙太子

《龙虎斗》

呼延寿廷被冤杀后，家属在乐家寨，其子呼延赞闻报，率兵至河东报仇，宋军皆非其勇不敌。赵匡胤亲出，被赞鞭击下马。呼延赞欲杀赵，见其头上忽现龙形，受惊坠马；赵上前欲杀赞，见其头上忽显虎形。二人互相倾心，赞乃投宋。欧阳方逃，投杨继业。杨藏其于铁柜降宋。呼延赞杀欧阳方报仇。后改掉杨继业等出场。

一名《风云会》，属全剧《下河东》后节一折，生、净重头戏之一。小戏袁克勤、袁相如、泾阳县陈仁义，20世纪30年代未央宫马家堡子的芭田德（应为天德）、王正民、兴平崔山岗等均擅唱。

赵匡胤（老）

呼延寿廷

呼延赞

《双锁山》

　　宋太祖赵匡胤征南唐。高怀德命子俊保探山，至双锁山，见山庄女主刘金定题诗，自言学武下山，拟与俊保成婚；俊保怒而将诗削去。金定闻报下山，与俊保交锋，不敌，用法术数次擒之，俊保乃允婚。

　　见《三下南唐》鼓词第十一至十五回。1988年新秀杨君（女）演出获奖（其父杨通民改本，导演出新之功）。

《杀四门》

　　南唐请妖道余洪为帅，困宋君臣于寿州。刘金定突围入城，自陈许婚高俊保事。赵匡胤欲试其勇，诓其出城见高。刘力杀四门，大败余洪。

　　见《三下南唐》鼓词第十九回。该戏四门南唐将，由专工丑行一个人扮演，进帘快速换盔头和须（胡子）。第四门为哑巴将，快速以白水粉脸，肩负器械领卒上场，吱哩哇吧乱喊一通杀上阵去，为第五出其夫人丑旦抹口红、画柳眉做好预备工作。老先辈王德杰出。

高怀德

余洪

三关将　土地化身　南唐亡将夫人

哑巴将

《刘金定喂药》

高俊保与余洪交战，突围入寿州，突得卸甲风寒之症，群医束手。刘金定乃画符请药王降临，求药，并亲自喂哺。俊保病愈，感刘恩，二人成婚。

见《三下南唐》鼓词第二十回。20世纪30至50年代长安泛演戏之一，杜曲董育生之子正华杰出，王福振、赵化俗、女伶杨醒花更佳！一出爱情婚姻戏，已销迹于舞台，颇为可惜。

《凤台关》

余洪累战刘金定不胜，请师兄金背风来助，首用妖法，擒来高怀德等四将，继而将刘金定擒住，欲行非礼。刘师弟冯茂与樊玉莲至南唐营中，救出金定。高俊保误以金定被杀，痛哭回营，夫妻相会。又得郑恩之子郑英之助，杀余洪，擒金背风。南唐李煜降宋。

一名《郑英招亲》。见《三下南唐》鼓词。

金背风

郑英

《六郎追车》

宋太宗赵光义游山玩景于铜台,被辽邦骁将萧天佐、萧天佑围困,勒要皇姑柴郡主和番。太宗无法,只得割爱,舍了郡主。危急之时,八贤王赵德芳亲口诺杨六郎(延景):若能将柴郡主追回,就将其许配与他。吕蒙正军中为媒。杨六郎飞马追回了郡主。德芳奏明太宗,太宗怒责德芳,因其早年已将郡主许婚与中山王之三子傅精魁。两家父子比武争亲,吕蒙正又使画工故将傅家三子丑画,郡主观画后只爱杨六郎,二人终成美满婚姻。

何振中、余巧云、马振华、肖若兰、付凤琴等扮郡主有气度,各见少女风采;高新岳、乔新贤,甘肃酒泉王新民、赵云峰、何家彦、袁兴民、孔新晟、阎更平、高新平扮吕蒙正均擅长,名花脸梁德旗侄过过子更佳。扮六郎的王世杰、杨安民、唐理民、张新华、张振中、杨佐喜、严辅中、闫春苓等均见英俊之姿,西安尚友社刘茹慧、杨三瑜之六郎更是响誉西北!六郎一角亦笔者初蒙第五个全本戏之角色。

柴郡主

杨延景

吕蒙正

老呼延赞　傅精魁

中山王

萧天佐　萧天佑

《打潘豹》

　　潘洪（仁美）之子潘豹在天齐庙摆设擂台，口出大言。杨继业之子七郎延嗣游庙，怒而上台，打死潘豹。潘洪怒扯杨继业上殿面君，太宗（光义）为其解和。

　　一名《瓦桥关》，又名《天齐庙》。见《杨家将演义》第四回。20世纪30年代刘金山、马裕斌、王正才演出，后失传。

潘豹

潘洪

《金沙滩》

潘洪私通辽主萧天庆,设计诓宋太宗赵光义至幽州五台山进香。辽兵大至,宋全军被困。辽设双龙会,邀赵光义赴会议和,暗伏兵马。杨继业乃命大郎延平假扮光义,众子随行保驾。筵席间,延平先发制人,以袖剑(弩)射死辽主萧天庆。伏兵四起,韩昌杀了延平。二郎延安被围自刎,三郎延定死战,被众马踩踏,四郎延辉、八郎延顺被擒,五郎延昭、六郎延景、七郎延嗣突出重围。

一名《八虎闯幽州》,又名《双龙会》、《点子》。见《杨家将演义》第十六回。秦腔名家郑生云、负安民、马朝民、王益民、王正民、赵云峰、齐发民等均擅演。1989年经西安易俗社加工,由郭保华、李新易等演出,较为成功。

萧天庆

韩昌

萧天佐

萧天佑

《五郎出家》

　　宋太宗自幽州逃至五台山，忆己曾许愿心，脱难后欲还愿出家，为群臣劝阻（戏上未见有此情节，是后改掉）。杨五郎（延昭）愤权奸潘洪当道。同胞凋零，愤然出家。

　　一名《五台山还愿》。《五郎出家》是《金沙滩》全本最后一场生角唱工戏之一。略见《杨家将演义》第十七回，情节不尽同，又见《昭代箫韶》。秦腔名家王兴卜、王世杰、王生民均擅唱，亦是笔者儿时在蓝田县及西安东郊使观众抛彩于台的常演戏之一。

《五台会兄》

　　杨六郎至北国昊天塔搬盗父骨，归经五台山，夜宿庙中，遇兄五郎延昭。兄弟久别，不敢冒认，互盘询后，相认。辽兵追至，五郎持杖杀退辽兵，兄弟分别。杨鸿声、梁德旗、田德年，后来之刘茂森、宋新洪更有创新，泛演于甘肃。《八郎送饭·苏武庙》亦是笔者少时配成年演员常演人章目之一。

杨继业　　　　　　杨七郎

杨三郎　　　　　　杨五郎

《李陵碑》

　　潘洪奉旨挂帅御辽，保荐杨继业为先锋，命其率六郎、七郎出战，不发援兵，杨氏父子被困两狼山。杨继业遣七郎突围回雁门关求救兵，潘洪以七郎打死己子潘豹怀恨在心，用酒将其灌醉，乱箭射死。杨继业知子不测，又命六郎回朝。救兵不至，人马冻饿，杨继业乃碰死李陵碑。

　　一名《两狼山》，又名《托兆碰碑》。见《孤本元明杂剧·八大王开诏救忠》（包括碰碑、审潘洪等事），《杨家将演义》等十八回及《昭代箫韶》。本戏与《苏武庙·八郎送饭》情节为一章目。先辈高天喜、陆顺子、郑生云擅演。后王正民、袁兴民、王新民、王朝民等均擅表演和唱工，王益民、何家彦、肖顺和亦擅长。

杨继业

杨七郎

《三岔口》

焦赞杀王钦若之婿谢金吾，被发配沙门岛。杨六郎命任堂惠暗中保护。至三岔口，宿黑店中，店主刘利华夫妇拟害焦赞。任堂惠赶至，刘又拟刺任。黑暗中搏斗，后焦赞介入相认合好。

见《杨家将演义》第二十七、二十八回。于1952年由京剧引进，新秀田安和、樊小鱼等演出极火。

刘利华　焦赞

任堂惠

《寇准背靴》

孟良、焦赞杀死谢金吾，潘洪诬杨六郎主使。宋太宗怒欲斩杨，八贤王求赦，改流配交趾。潘再进谗，奉旨赴交趾斩杨。任堂惠代死，潘复旨；杨归天波府，匿地窖中。韩延寿侵宋，宋君臣无计抵敌，寇准疑杨未死，与八贤王至天波府以吊祭六郎为名，察看情形。佘太君、柴郡主不实告。寇准故留守灵，窥见郡主内衣红裙，益疑，脱靴暗中随行，于地窖中发现六郎。六郎脱身而逃。寇再使呼必显诈抢柴郡主，诓六郎出战。寇准出见，六郎不得已挂帅征辽。

见《杨家将演义》第二十九回。

韩延寿

寇准

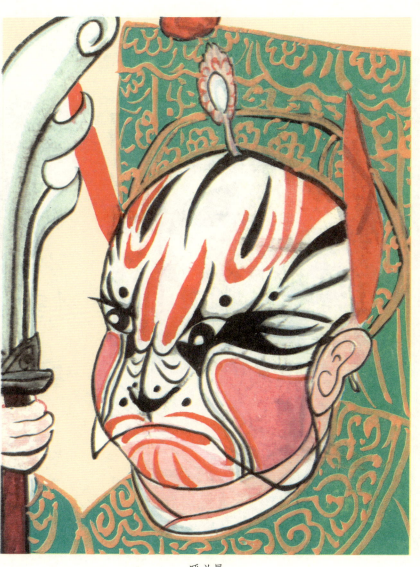

呼必显

《辕门斩子》

　　杨六郎（延景）败于穆桂英，愤愧而归。其子宗保巡营回帐，延景责其临阵招亲，欲按军法斩之。孟良、焦赞、佘太君、八贤王（德芳）请求赦免，杨延景执意不从。穆桂英率穆瓜及部众来献降龙木，见爱夫宗保被缚，入帐求情，并力任攻破天门阵。延景始准其情，赦免了宗保。

　　一名《白虎帐》。王文鹏、龚清义、丁醒民（甘肃平凉，后到银川市）、王正民、王益民、孔新晟（甘肃定西）擅演。20世纪30至60年代刘易平杰出于大西北，其声誉佳于西安，录音常于省台播放。进京演出时曾受到周总理的接见并留影（见《秦中群芳录》）。新秀女伶刘茹慧、周晓莉亦杰出。

八贤王

穆桂英

穆瓜

杨宗保

孟良

焦赞

《双挂印》

　　杨延昭、宗保父子御辽,与白天佐交战,中计被困。宗保回朝搬兵,八贤王携寇准至天波府请兵,佘太君不欲允。寇准激穆桂英挂帅,使宗保为先行。宗保又出战,辽将白天佐妻白氏慕杨宗保,宗保不应,为白所败。桂英欲斩宗保,延昭求情,桂英棍责宗保,至后帐又以夫妻情动之。后二人协力大破天门阵。

　　关中市县剧团新秀常演出。旧路为《破洪州》,王明华、孙宝华等擅演。

白天佐（引进谱）

《打棍出箱》

书生范仲禹,携妻白玉莲及子金哥入京赴试,归途金哥为虎衔去;妻又被告老太师葛登云抢去,范惊忧而疯癫。遇樵夫引路,径至葛家索妻。葛登云假意款待,将其灌醉,密遣家丁葛虎杀范;葛虎反被巡夜煞神所杀。葛登云诬范生行凶,将其乱棍打死,装入箱中,抛弃郊外。时范已中状元,报录人外出寻觅,因乏川资,见葛府抬箱,遂至拦劫。范复活,而疯益甚,戏弄俩报录人而去。

一名《琼林宴》。包括《问樵》、《闹府》、《出箱》。自《问樵闹府》至《黑驴告状》为一本戏,总名《范仲禹》。见《三侠五义》第二十三至二十七回。20世纪30年代常演戏之一,董育生、梁德旗、金言芝、杨鸿声、金元宝、何家彦、邠州八百黑、秦鸿魁等均擅演。因迷信色彩较浓,早已不演。

葛登云

小包公

煞神

《铡美案》

秦香莲逃出三官庙（即土地堂），至包拯前状告陈世美"杀妻灭嗣"。包拯用计召陈世美过衙，使秦香莲与其对质。陈世美自恃国戚，强词狡辩。包拯怒，欲铡之。皇姑、太后均来阻劝，包拯不顾，终于铡死陈世美。

一名《秦香莲》、《明公断》、《包公案》。秦腔传统戏，解放后经名剧作家王绍猷改编，久演不衰。先辈名家梁德旗、田德年、李应才、杨鸿声，后来名家张建民、申正坤、李正敏、何振中、李爱云、王玉琴、李爱琴、李买刚、张兰秦杰出。1954年陕西省实验剧团由华启民、阎更平、王惠芳、段林菊及笔者曾演出大西北各地。

秦香莲

韩琦

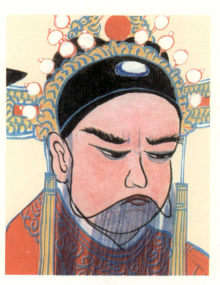

陈世美

包拯

《八件衣》

县衙差役班头白石岗贪污公银,县太爷杨廉,责其限期交清。白石岗夜入富户马宏女房,偷得男女衣衫八件,杀死家人马成。马宏报官,杨廉命白捉拿凶犯。贫生张成育,欲赴京赶考,无资,去舅父杜久成家中借资。其未婚妻杜秀英,给了男女八件衣并暗裹纹银十两,并将绣鞋一只包进以示情意。张去当铺,被白石岗诬为偷窃马家之物并杀了马成。杨廉用刑时,白石岗为假祸又灭口,将张成育打死,抛尸荒野。乞儿仁义路遇,救活成育。成育告状,包拯传唤有关在案人等。杜秀英与父及张母,起哄于县大堂。秀英遂用暗带菜刀刎颈而死。终于由包拯判清,铡了白石岗及诬陷张成育的马宏。杨廉发原郡为民,仁义承受了马宏家产,杜秀英借马宏女之尸生还与张成育终成夫妻。

一名《抹脖子》、《绣鞋记》。是常演戏之一,先辈王金良、胎里红、张建朝、何家彦、刘双禄、田德年,新秀胡秀英、张彩香等均常演。因有迷信色彩,后改掉了。

三曹官

白石岗

马 宏(号肥鳌员外)

《铡判官》

　　包拯查得判官张宏私改生死簿后，大怒，乃至森罗殿与阎王辩理。阎王始祖护判官，包拯力争，阎王乃将判官交出。包拯亲挟之还魂，又将柳金婵等救治回生，铡判官。

　　一名《普天乐》。包括《探阴山》。

《路遥知马力》

　　马汉侄马力赴京，遇盗坠江，路遥救之，结为兄弟。路复卖去已田，赠马力以金及驴，使之入京。马力见叔马汉，马汉荐之于包拯。因其助杨宗保征乌稚义有功，被封镇国王。路遥贫而往投，马力加以款待。忽马奉命外出，不辞而别，路遥疑马力负义薄己，负气而归。马力遭人伴送。路遥至家见田庐一新，始知皆马力遭人代置，赴京面谢，二人和好。

　　不见《包公案》。

张宏

路遥

马力

《狸猫换太子·拷寇珠》

宋真宗时，李宸妃产子赵祯，刘妃生妒，与太监郭槐定计，用狸猫剥皮换出太子。刘妃命贴身宫女寇珠，将太子处死。寇珠不忍，说与陈琳。陈将太子藏于妆盒，送往八贤王府中。刘妃诬李妃产妖，李妃被贬入冷宫。刘妃被册立为皇后。太子长成，刘妃见疑，命陈琳拷问寇珠。寇珠撞柱而死，既保住太子，又搭救下陈琳，亦诓过了刘妃。后被包拯勘明案情，铡郭槐、贬刘氏于冷宫。赵祯进位为仁宗，迎李妃为国母。

见元人《抱妆盒》杂剧、明人《金丸记》传奇、清石子斐《正朝阳》传奇，及《三侠五义》第一至四十二回。秦坛在《拷寇》章节演出中，认可了笔者，中国艺术研究院戏曲研究所、甘肃均录像，《中国戏曲史·陕西卷》载入，另有《陕西戏剧》曾使吴德同志向笔者专题采写了表演全过程。1986年陕西人民出版社的《艺苑英华》一书，曾刊载了《拷寇》之文图介绍。笔者认为自己的《黄鹤楼》、《秦怀玉杀四门》、《哭祖庙》、《折桂斧》、《翠屏山》、《激友》、《赶斋》、《独木关》等走遍陕甘各地，是被广大观众验收了的。

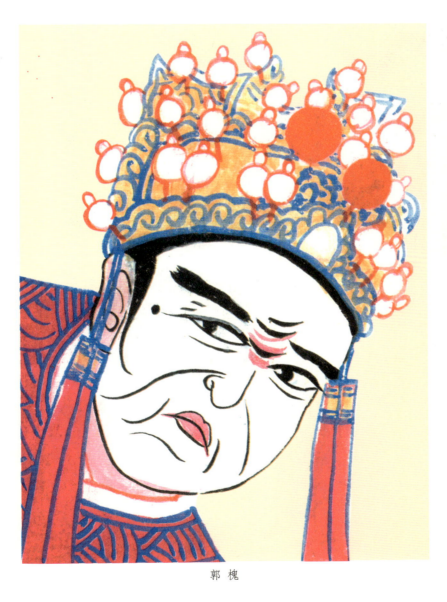

郭槐

陈琳

宋仁宗

《陈州放粮》

刘衙内（得中）之父向圣上讨下赈济陈州灾民旨意，又讨其子刘得中、门婿杨金吾为赈灾官员。在散发粮食时，大斗进小斗出，并掺杂粗糠杂物发与灾民，又草菅人命，对有异议者以锤击死。贪得无厌，花天酒地玩乐于妓院之中。后包拯奉旨察勘，灾民告状，案情大白，铡死刘衙内之父，杨金吾及刘得中反坐牢狱。

田德年、梁德旗、安德恭（一科三个优秀净角）均擅演于早年，李应才、刘金山、王正民（专项须生，亦兼包公戏）、邠州八百黑、马裕斌、赵守中等皆演出。此剧后因串班走社，配角缺词而慢慢丢失。

刘衙内

杨金吾

包拯

《铡赵王》

织匠司马都,别兄司马受赴西京应工。司马受妻刘氏入东京观灯,被仁宗之弟赵王碰见,强抢府中,逼充为妾。刘佯剪破锦衣,召工织补。司马受寻妻,应募入府,夫妻私会。赵王看破,杀死司马受,并放火烧死其全家。司马受之子金保被邻居救出,遇司马都回京,哭诉家难。司马都怒写状纸,赴开封府控告,又被赵王羽党监官孙文仪阻拦捉至衙,被杖毙。孙文仪将其装入箩筐,上掩黄菜叶,拟趁夜投入河中。恰逢包拯查夜,见筐起疑,截回府中,救活司马都,察明详情。包拯诈作病死,留遗书请赵王继任,诱赵王至府。赵王正调戏包夫人,包拯从灵帏后突出,立擒赵王,讯明将其铡死。

见《包公案》,安德恭、三原剧团曾演出。

赵 王　　　　　　司马受　　孙文仪

《花蝴蝶》

大盗姜永志号花蝴蝶，为采花恶贼，盗取皇宫桃花玉马，献与其友邓车。归途经铁头镇赵员外家，见其女美，夜入室，逼奸不从，杀之，留一花蝴蝶而去。赵控告于包拯，包命卢方、展昭乔装囚徒，徐庆、蒋平乔装僧道，分路探访。遇北侠欧阳春，合议缉拿。蒋平至邓车处窥探，被姜识破，加以拷打。北侠等继至，救出蒋平，力败邓车。姜逃走，蒋平预伏于鸳鸯桥，水擒花蝴蝶。

一名《鸳鸯桥》，又名《捉拿花蝴蝶》。略见《三侠五七义》第六十六、六十七回。内容与原书小异，姜永志原书为花冲。何俊民、李新杰（继生）、肖辅兰等擅演。应卫保善邀，于1991年8月27日为《千古一帝》黑剑设计了脸谱。言日本人要此戏人物脸谱。

姜永志

邓车

展昭

费五崔六

欧阳春

蒋平

《清风亭》

　　士人薛荣有一妻一妾,因赴试,妻严氏虐待其妾周桂英。元宵之夜,周在磨房产子,严氏命仆将其子抛往荒郊。周不敢违,将血书、金钗暗藏婴儿身上,以备记认。婴儿恰为磨豆腐之张元秀拾去,取名张继保,抚养成人。继保十三岁入学,因同学讥讪,回家后索要亲生父母。张怒责之,继保逃至清风亭,恰遇周桂英排解。后见血书,知继保为己子,张元秀忍痛予之。张夫妻后因老病乞讨,从地保口中得知继保中状元返里,径往相认。继保反目不认,二老悲愤,双双碰死。雷殛张继保。

　　罗福生、阎皮、金言芝、杨金声等擅演,耀县剧团继承有革新,罗振华等演出。

张继保

张妻刘氏　张元秀

雷公

《醉打山门》

鲁达打死土豪镇关西，逃至代州，入五台山削发为僧。后出游，遇卖酒人，夺酒豪饮。僧人闭门不纳，鲁达醉打山门。长老智真遣之下山。

见《水浒传》第四回。

《桃花村》

鲁智深赴东京，遇史进，途经桃花村，闻桃花山周通强娶刘太公女。鲁乔装新娘，洞房中痛打周通。李忠、朱武来寻仇，识鲁和好。

与《水浒传》第五回不尽相同。秦腔刘金山传马裕斌，刘忠民曾演出。是传统戏《花田错》全本中单折。解放前益民社名导演惠济民排演，主要演员有贾玉华、王明华、刘文华、赵文国、袁兴民、赵定国、姚振杰、生角张建民、丑角刘鸿秦、关全民等。

郑屠

周通

鲁达

《野猪林》

鲁智深至东京,与林冲结识。太尉高俅子高世德游庙,见林妻张氏美,与仆富安定计;因虞候陆谦与林为友,嘱其邀林外出饮酒,暗诓张氏至府。高世德欲施无礼,侍女锦儿奔告林。林至,高逃。陆谦又献计高俅,令人假卖宝刀,使林买去,并骗林持刀至白虎堂。高俅出,诬林行刺,将其押入狱中,发配沧州。陆谦买通解差董超、薛霸途中加害,鲁智深暗地跟踪,至野猎林救林冲。后,林冲于草料场杀陆谦报仇。

一名《英雄血泪图》。见《水浒传》第七至十回、明李开先《宝剑记》传奇及明陈与郊《灵宝刀》传奇。清逸居士编。李喜堂(又名西堂,其父李景华为易俗社名生角)引进剧目,排演出于1977年,红极。李新社令各方逊色。

鲁智深　　高俅　　林冲

《杨志卖刀》、《生辰纲》

　　杨志失陷花石纲，被高俅削职赶逐，流落东京，不得已在天汉州桥持家传宝刀兜售。无赖牛二，向之纠缠讹诈，杨愤而杀之，自首。府尹郎居中免其死罪。大名留守梁世杰为蔡京之婿，以金珠十万上寿，令杨志押送。赤发鬼刘唐知而奔告郓城东溪村保正晁盖，误宿灵官殿，被都头雷横所擒。晁盖假认刘唐为己甥，留在庄上，议取不义金帛。吴用说三阮，纠合公孙胜、白胜等乔装卖枣客人，在黄泥岗用蒙汗药，醉倒杨志等，劫取生辰纲。

　　见《水浒传》第十二回至十六回，明许自昌《水浒记》传奇（包括《杀惜》、《浔阳楼》）及清金蕉云《生辰纲》传奇。1951年、1952年三原县明正社学生队由杨安民、李琼中等排导演出。演员以王尚科、张明磊、万峰、霞儿、刘玉山等为主。

杨志

梁世杰

蔡京

刘唐

雷横

吴用

《狮子楼》

　　武松状告西门庆害死亲兄，县官受贿，反斥责武松。武松持刀至狮子楼，手刃西门庆，用布裹其头，并杀潘金莲活祭亲兄灵前，又锁王婆子至公堂与县官对质。王婆子被处决，武松雪了冤案。

　　旧时演《杀嫂祭灵》有凶杀表演，如抽肠子：将猪肠一条，刮其粘液洗净，一头用丝线绑紧，一端拴上细小竹筒，置于胭脂酒瓶中，竹筒留在瓶外，瓶口塞紧，这叫养肠子；表演时由潘金莲之扮演者，揣于怀内。武松一刀豁开金莲腹腔（金莲背向台下，武松立中场椅上面向台口）抽出肠子，用口吹起，后摘下与西门庆首级祭灵。随着时代进步，以上凶杀表演已被废除。

　　一名《杀嫂》。与《挑帘裁衣》及《药毒》、《狮子楼》为一全本戏。以上经常单折现台。见《水浒传》第二十六回。前辈辛娃老五、董育生、贾德善等均擅演。笔者开蒙时曾演西门庆。因拉人太火，后来息演舞台。

何九叔　王婆子　武松　街坊邻居

潘金莲　西门庆

《快活林》

　　蒋门神蒋忠恃张团练势，占夺施恩"快活林"酒店。施恩告诉武松。武松醉打蒋门神，帮施恩夺回"快活林"。

　　见《水浒传》第二十九、三十回，《义侠记》传奇及《忠义璇图》。常与《安平庄》连演。

《鸳鸯楼》

　　蒋忠被打后，与张团练勾结都监张蒙方，诬害武松，陷之入狱。后又将其刺配恩州。蒋忠暗遣徒弟四十名，买通解差，在飞云浦欲害武松。武松察觉，杀死凶徒、解差，乔装入城，夜入张都监家，在鸳鸯楼上杀死二张及蒋忠，留名缒城逃走。

　　一名《起解武松》，又名《飞云浦》。见《水浒传》第三十、三十一回，《义侠记》传奇及《忠义璇图》。

张团练

张都监

蒋门神

《蜈蚣岭》

　　武松血浅鸳鸯楼后，又遇张青。后改装行者，往投二龙山。行至蜈蚣岭，遇蜈蚣道人王飞天强抢民女张凤琴，乃仗义杀死王飞天，救女下山，火焚寺观。

　　略见《水浒传》第三十一回及《忠义璇图》。民国初，名家董育生、贾德善、辛娃老五、王兴博均擅演以上章目。后有新秀谢新民演《快活林打馆》亦佳。曾与笔者排过，因自己年龄小而搁置了。谢与赵文国排了《白水滩》。《蜈蚣岭》是笔者开蒙戏之一。

张 青

武 松

王飞天

《真假李逵》

　　李逵归家探母，遇沂州李鬼假冒其名，在松林抢劫，将其打倒。李鬼求饶，李逵询知其为养母而行劫，赠以银两，劝同上梁山，订约而别。

　　见《水浒传》第四十三回。

《翠屏山》

　　杨雄、石秀结拜，杨使石开肉铺。杨妻潘巧云与僧裴如海私通，被石秀撞见，告杨雄。杨雄醉归，潘巧云及婢迎儿反诬石秀戏己，杨雄不察，与石绝交。石秀与潘巧云反目，愤而离去，乘醉夜杀裴如海。杨雄始悟，定计诓潘巧云及迎儿至翠屏山，勘出奸情。石秀逼杨杀死潘巧云及迎儿，弟兄投奔梁山去了。

　　一名《吵家杀嫂》，又名《捉奸杀和尚》。见《水浒传》第四十四至四十六回及明沈自晋《翠屏山》传奇。笔者曾于解放前后经常演出于甘肃泾川、镇原、西逢镇、灵台、长武等地。师承是名家谢新民，以猴戏及短打武生杰出。《翠屏山》有舞"六合刀"、翻高场及大顶等技巧，加之唱念、情节俱佳，解放前极火。

李逵

李鬼

裴如海　潘巧云

杨雄　石秀

《一箭仇》

梁山首领晁盖攻打曾头市，被史文恭射死。卢俊义、林冲领兵报仇。二人曾与史同师，乃先入庄，劝史归顺。史不从，遂相争斗，不分胜负，约来日再战。史趁夜率众往劫梁山，卢等有备，史大败，逃至江边。阮氏兄弟赚史登舟，水中将史擒获。

略见《水浒传》第六十回及六十八回，情节不同。咸阳南槐子村戏班演于益民社，亦演于京剧台上。因其由本地二黄串入京剧，其扮相极差。

《收关胜》

关胜攻打梁山，擒阮小七及张横。宋江回救，关连败诸将。呼延灼诈降关胜，赚其夜袭。伴至水滨，梁山男女头领合力擒获关胜，劝同聚义。

一名《战泊口》。见《水浒传》第六十三、六十四回。平乐社郭更民、康庆、孙宝华、孙省国、高新年演出（引进戏）。

晁 盖

史文恭

阮小七

宋 江

《大名府》

　　大名府富户玉麒麟卢俊义雪天救李固，留为管家。李与卢妻贾氏私通。梁山慕卢名，吴用携李逵乔装星士，赚卢离家（时迁且装鬼扰之）。于梁山左近，故与游战。卢败，至金沙滩搭船，为张顺水擒。宋江等劝同聚义，卢坚不从，留居一月，仍回家中。李固与贾氏合谋出首，陷卢入狱。中书梁世杰受贿，刺配卢俊义。李固又买通解差董超、薛霸，于中途加害。卢仆燕青冷箭射死二差，背卢而逃。卢复被官兵擒获，将遭处斩。石秀跳楼劫法场，被擒。时迁奉命散放没头帖子惊梁世杰，保全卢等性命。吴用计遣众乘元宵节乔装入城，擒大将索超，救卢、石回山。

　　见《水浒传》第六十一至六十六回。20世纪50年代苏育民、姚育国、杜永泉、何俊民等演出。

关　胜

时　迁

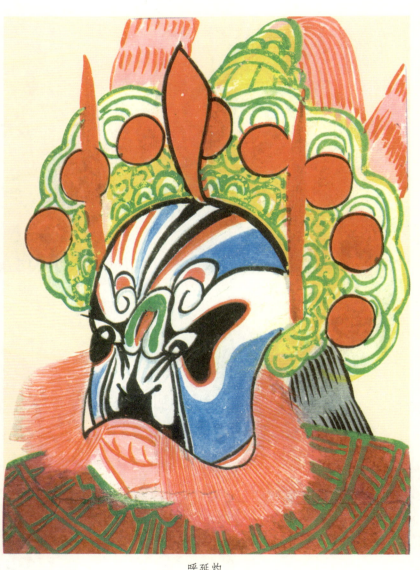

呼延灼

《丁甲山》

丁甲山山寇周明、周亮冒宋江名,强抢太平庄陈员外女。适李逵、燕青回山,路经太平庄借宿,知其事,李逵大怒,回山斧砍"替天行道"杏黄旗,责问宋江,且指柴进助恶。宋江乃率众至太平庄,令陈辨认,始悉假冒。李逵大惭,随宋江回山,负荆请罪。宋江令李逵擒捉冒名者赎罪。燕青助李擒丁甲山小盗草上飞,察出真情,入山杀死周明、周亮,救回陈女。

见《后水浒》第七十三回及元康进之《李逵负荆》杂剧,情节不尽相同。西安易俗社王仲华等及陕西省戏曲研究院二团胡正友等于20世纪50年代泛演于西安。

《清风寨》

清风寨盗首刘通,强聘张志善女,订期迎娶。李逵、燕青借宿刘家,知而不平。李逵乔装新娘,燕青伪装其弟,混入寨中。洞房中李痛打刘通,复与燕青合力将其杀死,火焚山寨。

不见《水浒传》。咸阳益民社由李云亭排导,高学民、吴醒民等演出于20世纪30年代。

周明 周亮

陈员外 李逵

刘通

燕青 草上飞

《蔡家庄》

蔡继泉、蔡芙蓉兄妹聚众拟与梁山为敌。值重阳节，梁山好汉下山，郑天寿乔装牙婆，与扈三娘、孙二娘、顾大嫂计入蔡庄。蔡继泉误以郑为女，加以调戏；郑天寿欲刺未遂，双方格斗。鲁智深、李逵、武松等乘虚而入，共歼蔡氏兄妹。

不见《水浒传》。先辈名家贾德善、董育生、辛娃老五均擅演，有双打棚拳、拐子、戳枪、三节棍等特技表演。后来失传。

《涌金门》

宋江征方腊，围杭州。方子天定守城，擒去郝思文。张顺夜登涌金门，被方天定水闸轧死，其魂向宋江托兆。宋江至城门哭祭，方天定出战，张魂附其兄张横身上，阵斩方天定。

见《后水浒》第一一四回，与《灭方腊》同本。马裕斌与刘金山合作演出于陇东。

蔡继泉

方天定

郑天寿

《武松单臂擒方腊》

宋江兵下江南，破睦州。方腊出战，连败梁山诸将。武松左臂被方腊砍断；鲁智深打倒方腊，武松以单臂擒获方腊。

一名《平江南》，又名《方腊灭梁山》。见《后水浒》第一至七回，情节不尽同。原书砍武臂者为包道乙，内容不健康。名家刘金山最佳，汤秉中亦杰出。

方　腊

《打渔杀家》

　　阮小二易名萧恩，与女桂英打鱼为生。遇故人李俊携友倪荣来访，同饮舟中。土豪丁自燮遣丁郎催讨渔税，李俊、倪荣斥之。丁郎回报，丁自燮又遣大教师至萧家勒索，被萧恩痛殴而逃。萧至县衙首告，反被县官吕子秋杖责，又逼萧恩过江至丁宅赔礼。萧恩忍无可忍，携女桂英黑夜过江，假献庆顶珠为名，闯入丁府，杀死丁自燮全家。

　　一名《杀船》，又名《庆顶珠》、《讨渔税》或《河湾打架》。似取《水浒后传》中李俊事改编而成台。秦腔先辈名家梁德旗、安德恭、田德年、李怀坤、刘金山、李应才皆擅演。梁德旗之学生赵寿中于20世纪30年代是演该戏的儿童中优秀者之一。咸阳人民剧团的王化民亦杰出。

丁自燮

吕子秋

丁郎

倪荣

萧恩

萧桂英

《艳阳楼》

　　高俅之子高登倚仗父势，横行于南阳。清明日赴蟠桃会，遇徐宁之子士英伴母妹扫墓。高令师爷贾斯文提亲被拒，乃强抢徐妹佩珠而去。徐士英闻信追救，途遇花荣子逢春、秦明子秦仁、呼延灼子呼延豹。三人助徐乘夜同入高府，在艳阳楼救出佩珠，合力杀死高登。

　　不见《水浒后传》。三意社姚育国、杜永泉、何俊民、胡辅盛等由李科全排演。

高登

呼延豹

《枪挑小梁王》

　　岳飞、汤怀、王贵等至汴梁应武考，梁王柴桂恃势及试官张邦昌之袒护，迫岳让其占元。岳不允，柴桂与岳比试。宗泽爱岳才，令先立生死状。及交手，岳飞抢挑柴桂。张邦昌欲斩岳飞，宗泽劝阻，众举子愤而殴张，岳飞等逃归。

　　见《说岳全传》第十二回及清人《夺秋魁》传奇。上林剧院、三意社演出。封至模编有《岳家庄》剧，贾辅学、王成士等演出。

《潞安州》

　　金兀术侵宋，攻潞安州，守将陆登扼守。兀术获韩世忠差官，搜得韩与陆蜡丸传书，令军师哈迷蚩伪冒差官见陆登，被陆识破，割鼻放归。兀术起兵攻破城池，陆登自刎。兀术收养陆子文龙。

　　一名《陆登守城》。见《说岳全传》第十五、十六回。先辈郑生云、陆顺子、赵云峰擅演。1989年末笔者应邀赴甘肃省榆中县兴隆剧团辅导《激友》时，看到该团学生们仍按老路子演出《潞安州》。

张邦昌

岳飞

柴桂

金兀术

哈迷蚩

陆登

《徽钦二帝》

徽宗、钦宗纳辽耶律大石部将郭药师，与金主为敌。金兵入侵，徽宗沉溺声色，虔信道教，使道士郭京演六甲神兵，罢李纲而用童贯、张邦昌。金将粘罕陷汴梁，掳二帝，囚于五国城，使二人青衣行酒。侍郎李若水骂金殉节。

略见《说岳全传》第十八、十九回。是《玉镜台》前后两本中的一折。多演温峤征胡夷及其与芳姿姻缘等。益民社杨安民、贾玉华、袁兴民、赵国定、刘玉华及笔者演出于20世纪20至40年代。

粘罕

童贯

徽宗 钦宗

《岳母刺字》

宗泽拒金兵于黄河，金兵不敢南犯。宗泽病重，乃将印信交岳飞代管，三呼渡河，呕血而死。杜充奉旨代帅，一反宗泽所为。岳飞不悦，私行归家望母。岳母责以大义，促岳回营抗敌，并于岳背上刺"精忠报国"四字，以坚其志。

见《倒精忠》传奇及《说岳全传》第二十二回。名男旦李正华和优秀生角演员郑毓秦演出。李在唱板垛字跳梆子方面，为秦腔闯腔贡献突出。如名旦女伶肖玉玲的《玉堂春》等之独特，皆由李正华从小辅导而成就为证。郑毓秦口劲、道白、唱腔、扮相均佳，其扮的岳飞真是做到了情到神现，稳重而深沉。

岳飞　　宗泽　　岳母

《岳家庄》

　　岳飞子岳云在家，得银锤，瞒母李氏偷学武艺，被母发现遭责打。牛皋来谒岳母，知岳云习武，约其至牛头山助战。金兀术遭张兆奴、薛礼花豹引兵暗袭岳庄，岳云与姊银瓶率众生擒金将。

　　见《说岳全传》第四十回。上林剧院王成士、三意社贾辅学儿时均杰出演于西安。始为生角名宿苏哲民做岳云之双锤。

牛 皋

岳 云

薛礼花豹

《回到祖国来》

　　岳飞与金兵会战于朱仙镇，兀术不敌，调其义子陆文龙助战。文龙连败宋军中使用双锤之严正方、何元庆、岳云、狄雷等。参军王佐知文龙系潞安州节度使陆登之子，陆登早年城破死难，文龙被兀术收养。王佐向岳飞献计，诈降金兀术，说文龙归宋。岳飞持重劝阻，王佐暗断左臂，直投金营。兀术不疑，将其收留。王佐乘机先见陆之乳娘薛氏，说明来意，佯作说书机会，打动文龙。乳娘又助之，使文龙自知身世。后文龙助宋军打败兀术，回到了祖国。

　　一名《八大锤》，又名《车轮大战》、《朱仙镇》。见《说岳全传》第五十五至五十七回。解放初封至模编剧《回到祖国来》。冯盖民、田艺勇、李惠风、阎更平等演出于三原明正社。1989年陕西省戏曲研究院秦腔团新秀樊军在其父樊小鱼之栽培下，演技较佳。

严正方

张　显

狄　雷

王　贵

《风波亭》

　　金兀术逃出金牛岭,思欲弃汴撤兵,一书生叩马前劝阻。兀术乃遣哈迷蚩乔装江湖卖药者,偷入临安,在西河遇秦桧,授以蜡丸密书,嘱害岳飞。秦桧乃矫发金牌召岳飞回朝。岳飞经金山寺,寺僧道悦。亦劝避祸。岳飞不听,至平江,被校尉冯孝、冯忠锁拿,王横被杀。秦桧诬陷岳飞谋反,矫旨命大理寺周三畏勘审。周不忍,弃职而去。秦桧又命万俟卨、罗汝楫严刑逼供,并令岳飞召子岳云、张宪至,并下于狱。张保弃官探监,撞死监中,秦桧以"莫须有"三字定谳,缢死岳家父子。

　　一名《武穆归天》。有与《金牛岭》连演者。略见明李梅、冯梦龙《精忠旗》传奇及《说岳全传》第五十九至六十一回。20世纪30年代的生角名宿苏哲民演此章目,名闻于观众之中,亦流传于伶界。

冯孝

岳飞

秦桧

《红梅阁》

南宋同平章事贾似道游西湖，因妾李惠娘偶见书生裴瑀失口赞美，归府立斩惠娘，又诱裴生入府，囚之书房。惠娘魂夜与裴生相会订情。贾使廖寅夜杀裴生，惠娘魂救裴生脱险，且惊恐贾似道。

一名《游湖阴配》。略见《剪灯新话·绿衣人传》、明冯梦龙《古今小说·木绵庵》。又明周朝俊《红梅记》传奇，夹叙裴瑀、卢昭容以红梅缔姻事。先辈王金良、杜养民、何振中、杨醒花、王桂玉（秦腔第一个女旦），以及20世纪50年代的马兰鱼、郝彩凤、崔惠芳、张咏华，生角王兴卜、贾德善、苏育民、靖正恭及笔者、西府刘金库、新秀李继祖、穆小朋、岳天民、李小锋无不各见其长。李梅、肖英吹火技空前绝后。

贾似道

廖寅　李惠娘　裴瑀

《文天祥》

　　元兵侵宋，贾似道专权主和，文天祥劾之，遭罢斥，回乡结义兵勤王。后天祥入临安，奉命至元营议和。因宋奸臣又向元将伯颜投降，天祥反被拘留元营。义士杜浒等结合义民救文出险；至真州，为守将所拒，再至温州与张世杰、李庭芝等会合，后在五坡岭战败被擒。被囚三年，伯颜劝降不从，从容就义。

　　一名《正气歌》，又名《三尽忠》。见《宋史·文天祥本传》、明人《崖山烈》传奇及蒋士铨《冬青树》传奇。苏育民、严辅中等演出。编剧淡山。李喜堂演出《三尽忠》于1991年。

伯　颜

文天祥

李庭芝

元代
故事戏

按：元代故事戏虽少，但常以徐达、常遇春、张定边、康茂才、朱亮祖等章目戏如《串龙珠》、《广泰庄》、《九江口》、《挡将》、《破宁国》、《花云带箭》、《采石矶》等充实秦中和甘肃舞台，较为盛行。多见于《明英烈》评书，但情节与元史多存歧异。

《窦娥冤》

窦天章赶考，以女窦娥嫁于同邑蔡昌宗。蔡昌宗赴考，佣妇张氏之子驴儿随往。驴儿图谋窦娥，中途推昌宗入水，佯称昌宗突死。蔡母惊痛成病，思食羊肚汤。驴儿置毒欲害死之，误被己母吞食。驴儿借尸讹诈，拟强占窦娥。至县衙，县官曹兀受贿，严刑逼问蔡母。窦娥不忍，挺身自承，被判斩刑。六月行刑，忽天降大雪，巡案得知，平反冤狱。

见元关汉卿《感天动地窦娥冤》。又名《六月雪》。20世纪50年代名剧作家马建翎改编，李应真、槐保、马友仙、阎更平、华启民、严冬贤等擅演。查俊卿、范明仲、焦晓春亦泛演于关中西部。

曹兀

张驴儿　　　　赛卢医

蔡婆婆　　　　窦娥

《串龙珠》

元末完颜图、完颜龙父子坐镇徐州，横行不法。壮士花云愤而别母、妻往投刘福通。完颜龙行围，践踏民田。花舅父郭广清阻止，完颜龙怒杀郭。新任州官徐达下乡观风，见而解救，佯责郭以保全之。完颜龙又因拾箭，怒断花妻左手；又因民妇祭亡夫途经己府门前哺婴儿，怒挖其一目。侯伯卿营救郭广清，将家传串龙珠质当，当票为典史拾去，献与完颜龙。完颜龙乃诬当铺主人康茂才盗窃己宝，押入府中，吊起严刑拷问。刘福通起义，完颜龙出兵抵御，将康茂才及侯伯卿交州官徐达审理。郭广清、花母携儿媳、挖目民妇皆集公堂，徐达查明是非，不忍逼供。完颜龙府总管骆驼公堂咆哮催逼，众当堂将其打死，拥徐达起义，拿获完颜图、完颜龙，闭城以拒元兵。花云搬兵至，合力将完颜龙余众杀死，光复徐州。

完颜图

完颜龙

刘福通

一名《反徐州》，或名《徐州革命》、《五红头》。20世纪20至50年代泛演于西北各省市。解放前夕解放区民众剧团、八一剧团均常演出。关中各班社皆以之为必修课培育新苗。笔者儿时在该剧中扮演花云上念："小小男儿志量高，梵王宫中称英豪；箭射双雕不为妙，双手能耍七口刀。"

徐达

侯伯卿

康茂才

《武当山》

　　陈也先与妹秀英在武当山设百日擂台。朱元璋遇刘基及胡大海、常遇春、沐英、郭英等订交，同往打擂。朱元璋击败陈也先。也先逃至真武庙，朱至烧庙，杀陈也先，但非其妹秀英之敌。真武大帝显圣，助朱杀死陈秀英，朱遂许真武以他日重修庙宇。

　　一名《朱洪武打擂》。略见《明英烈》第七回，是武旦生角为主戏之一。甘肃平凉平乐社孙宝华、康庆、长生、郭更平20世纪30年代演出于华亭县、安口窑等地。

朱元璋

陈也先

常遇春

《广泰庄》

朱元璋起义濠州，闻徐达训练士卒，有贤名，欲请其相助，令郭英前往聘请。徐达不出。朱乃订计令郭英乔装山寇，劫持徐母，并焚其庄院。徐达无奈，乃投归朱。

一名《三请徐达》。见《明英烈》第九回，情节不同。易俗社张新（兴）国，新汉社之高新岳、李新杰曾演出。

《智取北湖州》

朱元璋攻湖州，元守将葛雅仙出战。葛勇甚，诸将皆非其敌。蒋忠出与其交战。二人各弃衣甲，拼死格斗一昼夜。胡大海巡哨，盗取葛之衣甲，乔装葛状，诈开城门，遂克湖州。葛雅仙丢城逃走，遇朱元璋在山顶了望。葛奋力追赶，幸遇常遇春。常救朱元璋杀葛雅仙。

略见《明英烈》第十回。疑湖州即和州。辛娃老五、闫春苓、董育生青少时均演出。葛雅仙用狂武生手法扮演。

白袍郭英

葛雅仙

徐母

蒋忠

《状元印》

　　元顺帝用丞相萨敦之计，假设武科场，诱各路起义将领至都城，拟使自相残杀，再设伏一网打尽。常遇春连败众英雄，夺得武状元，并识破毒酒，保护朱元璋反出科场。元兵追击，并下千斤闸以阻之。胡大海托闸，众皆闯出，并夺卢沟桥，斩李金荣，杀退元兵。

　　一名《三反武科场》。张庆玉、马裕斌、刘忠民、高长平曾演出。

《采石矶》

　　徐达攻采石矶，陈友谅部将铁长官抵御。矶高不可攀，常遇春藏身桅杆斗内，趁潮涨，跃身矶头，夺得太平城。

　　一名《暗取太平城》。见《明英烈》第十四回。先辈梁德旗、李槐坤、安德恭、刘金山、马裕斌等皆演出。

常遇春　　胡大海　　铁长官

《取金陵》

朱元璋攻取金陵，元驸马赤福寿拒之。赤部将曹良臣出战，被困降朱。赤福寿出战，朱部将多非其敌。武福至，逼赤自刎。赤妻凤吉公主闻耗，替夫报仇，力败众将，卒因寡不敌众，为沐英、胡大海所杀，金陵克复。

或谓一名《芜湖关》，实则老本另存收宁国彪，非此剧。见《明英烈》第十七回。刀马旦王明华、左正华均杰出。

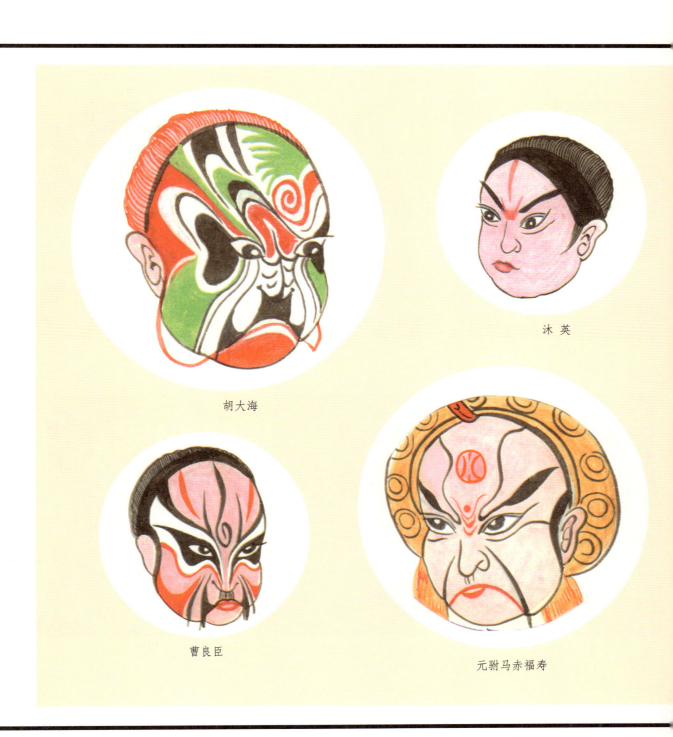

胡大海

沐英

曹良臣

元驸马赤福寿

《破宁国》

　　元相萨敦矫诏命脱脱自尽，大臣朱亮祖勘破其奸，反中谗被贬为宁国府守城官。萨敦暗使张龙、赵虎偷杀亮祖妻女，反被亮祖杀死。朱元璋遣常遇春等攻宁国城，力战朱亮祖，败归，众将亦非亮祖对手。康茂才诈降亮祖，暗献城池。亮祖被擒获、女亦被拿，常劝亮祖降顺，亮祖女秀英许婚郭英。

　　见《明英烈》第二十五、二十六回。"四红加一黑，必定是破宁国。"这是关中观众过去看得熟透了戏目的顺口溜。再是"高高山上一只狼，四条腿腿一般长；要知狼有多么大，尾巴长在屁股上。"这是《串龙珠》完元骆驼上场。角色如一开口，观众就有人喊："舅回……"意即熟戏熟演员，不看也罢，所以互喊快回家……名家何家彦、郑生云、王正民、王益民、赵云峰、梁德旗、李槐坤、安德恭等擅演，陕西省剧校改编。笔者儿时入两科先扮家将与白袍郭英，后扮朱元璋。虽四十余年不演此目了，但尚能默记朱元璋一角之台词段落。

朱亮祖

康茂才

朱元璋

张德胜

赵德胜

常遇春

记得秦腔舞台上有这样的行语:"长剑、短刀最好耍,武旦的铜、生角的杆子、花脸的鞭不易玩!"李应才、马裕斌、李槐坤、梁德旗等,虽然均擅演常遇春,惟专工花脸刘金山的祖右膀单鞭耍得独到,笔者目前还能记起或玩几下子。郑生云在《破宁国》一戏中扮演的朱亮祖,虎豹得将军气质,舞的大刀、双枪是当时大戏台上之超群者。施配器、踏脚捶的准确性,要看何家彦壮年时的风姿了!

张龙

常遇春

朱亮祖

赵虎

《花云带箭》

　　花云辅佐朱元璋之侄文逊驻守太平城。北汉陈友谅进袭，花云奋勇抵御，但因采石矶守将乏人，被陈部陈友杰暗袭，太平城破。花云拟突围，朱文逊贪恋家眷，贻误时机，与花云一同遭擒。陈友谅劝降，花云愤骂不降，朱屈膝被杀。陈友谅命缚花云于高竿，以箭加以威胁。花云挣断绑绳，力杀多人，终因中箭伤重，自刎而死。

　　见《明史》、明李东阳《花将军歌》及《明英烈》第二十九回。明人又有《虎符记》传奇，情节不同。名家贾德善传授咸阳益民学社二科学生，张建民较佳，其唱、动、情均炽，闫春苓、王世杰、王德孝等皆名噪关中各地。

陈友杰

陈友谅

《正气图》

刘基任高安县丞,目睹元朝政暴,弃官而归,以"行医镇邪"为名,云游天下,用"鸡毛转帖",广结农民船户,约期起义。张良弼搜查刘不获,毒打镇长方某致死,且捕去其女;张妻宋芳梅劝之不听。张刑逼唐老大及方女。宋芳梅从刘计,知张别娶,乃以原配出首要挟。张不得已私放唐、方二人。常遇春起义,于八月十五日借吃月饼为号,劫牢杀死元管带,共同反元。

一名《八月十五杀鞑子》。略见《明史·刘基本传》。常听先人们讲有《八月十五杀鞑子》一戏,未见有演出。听汉剧老人说汉剧王安奎汉调班(西安西门内马道巷一号)和咸狗娃二黄班常演出。

张良弼

刘 基

《九江口》

北汉王陈友谅与吴王张士诚结为姻好，约分兵夹攻金陵朱元璋。陈遣大将胡蓝往姑苏迎亲，被刘基设伏擒获张士诚之子张仁。刘基劝降了胡蓝，另命大将华云龙冒充张仁赴陈友谅处诈亲。北汉元帅张定边识破乔装，向陈友谅苦劝，反被罢职。陈友谅引兵袭金陵，在黎山中伏，全军覆没。华云龙反戈追击，幸张定边假扮渔翁，在九江口驾舟接应，陈友谅方得脱险。

与《明英烈》第三十回《康茂才夜换桥梁》故事有相似处。陕西省戏曲研究院二团胡正友、张全仁、李新社等于20世纪50年代从京剧名家袁世海处学来，演出较精彩。早年西安三意社姚育国、杜永泉等演出到家。20世纪30年代笔者在甘肃、陕西渭北等地，先后与赵正凯、李云亭（号大娃子）演出该戏，扮演徐达。

张士诚　　　　　北汉元帅（张定边）

华云龙

《挡将》

　　康茂才原与陈友谅为友，陈友谅九江兵败，刘基遣康埋伏江东桥以断友谅归路。陈友谅以私情动康，康茂才不忍，放走陈友谅。

　　一名《墩台挡将》，又名《江东桥》。秦腔红生戏之一。其唱板板路明快洒脱，写意陈之兵败归回，康茂才以剁板之型，将乏马败将的步脚诉说得情到神现，点得恰到好处，不单好了剧情，亦将观者点得很清。

　　咸阳南乡杨老虎宥子、吴治中，三意社之赵振华，先辈董育生，益民社之王正民、权三民均佳。

《居庸关》

　　徐达挂帅北伐，李文忠斩王宣，恢复济南；常遇春斩托音帖木耳，克复河南；徐达攻破大都，库库帖木耳退守居庸。元顺帝知大势已去，恸哭祖庙后，逃奔上都，收拾残局。

　　该剧多见于皮影台子（木偶），常演于乡镇。

李文忠

康茂才

王　宣

托音帖木耳

库库铁木耳

徐　达

明代
故事戏

按：纵观秦坛老戏源远流长，各个朝代之章目（戏文）侧重不同，上古、殷、周、春秋战国、秦、汉、两晋、南北朝、三国、唐宋、元戏，重"三老"（须生、正旦、大花脸）；明代戏则重生旦，代替了老路子，就是说以"三小"（小旦、小生、小丑）逐步代替了"三老"。"三老"多以唱念并重，演变为"三小"唱、念、打、做，充实了秦坛舞台，这是进步。社会在进步，文学艺术等皆需改进迈向高层次，才能适应社会进步及人民欣赏水平的高要求。明代"三小"戏剧情多以悲欢离合之爱情婚姻、官场事讼为主，及反映上国下邦侵伐战争戏亦较突出。尤其是戏本之文字语言有大进展。

《游武庙》

明太祖朱元璋登基后，偕刘基同游武庙。见殿内外列有从祀历代名将，朱以己之好恶，加以品评，升赵云、王伯党，而黜韩信、张良，尤以伍子胥鞭楚平王之尸，怒而毁其像。刘基知朱猜忌，恐己受祸，乃辞归田。

一名《刘基辞朝》，见《明英烈》第七十八回。西路名家张德明演出，以唱工见长。

《阴阳河》

山西代州客商张茂深与妻李桂莲共赏中秋，醉后交欢，秽犯月宫。张赴川经商，行至阴阳河，瞥见妻在河边汲水，上前相认，始知其妻已死，在地府改嫁鬼役倪木。至倪家，夫妻相诉离情。倪木归，见张恨而欲杀之，李桂莲假称张为己兄，倪木乃信。百日后桂莲还阳，夫妻重圆。

一名《中秋夜》，又名《地府寻妻》、《西川奇闻》。似本《三宝太监西洋记》八十七回《王明地府寻妻》事衍成。内容涉及迷信，民国时常遭指摘停演，但未彻底，解放后彻底停演。先人王金良、黑娃（"活手腕"）、党甘亭，后来咸阳益民社的王明、赵化俗擅演于关中各市镇。

刘基　　　　　　　　朱元璋

李桂莲　　倪木　　张茂深

《珍珠衫》

　　商人蒋德（兴哥）娶妻王三巧，蒋外出不归，陈商谋占三巧，买通薛婆，计诱三巧失身。三巧将夫家藏之珍珠衫赠陈。陈至苏州遇蒋兴哥，蒋见衫探出真情，回家即将三巧休弃。三巧乃改嫁县令吴杰。陈商死，其妻再嫁，适被蒋兴哥娶去。后蒋兴哥误伤人命，吴杰审勘。三巧见蒋名，佯称蒋系己兄，请吴杰援手。吴开脱蒋罪，令与三巧相见。二人触动旧情，被吴杰看破。问明经过，将三巧仍判归蒋兴哥。

　　见《古今小说·蒋兴哥重会珍珠衫》及《今古奇观》第四十回。蒋兴哥在戏中叫余宽。先辈王金良、杜养民、王朝建、屈振华、"辣子红"、傅荣启、崔晓钟、"黑娃"（"活手腕"）擅演。后来的杨金凤（女伶）、权巧玲、宋尚华、何玉华、"后门红"（辛化秦）、董化责、赵化俗、董正华、秦坛第一位女伶王桂玉和其父王德义，及笔者在渭南等地曾演出。易俗社之孟广华和其女、秦坛第二个女伶孟遏云亦以父女演父女。该戏《送女》及《审余宽》两折常演出，名家董育生、刘毓中、赵云峰扮王鳌文一角皆杰出。

余　宽

王三巧

王鳌文

薛　婆

陈　商

县令吴杰

《十五贯》

　　淮安熊友兰、友蕙兄弟家贫，友兰充舵工，佐弟攻读。邻有冯某以钗环及钱十五贯交养媳何三姑，为鼠衔往熊处。友蕙恨鼠啮书，买药毒鼠，又被鼠衔至冯家，冯子食饼而死。友蕙以十五贯买米，冯疑何与友蕙私通，害死己子，鸣官。友蕙被判死刑。客商陶某赠钱十五贯与友兰以图营救。适屠户尤葫芦为买猪从其妹处借得十五贯钱归，酒后戏告养女苏戌娟为卖身钱。戌娟惊惧逃亡。夜有赌棍娄阿鼠腹饥入室行窃，将尤杀死。苏戌娟出逃遇熊友兰，二人同行，街坊追及，见钱数相符，疑戌娟与熊友兰私通为凶，押之至衙，与熊、何一案一同判斩。苏州知府况钟监斩，察觉四人屈枉，停刑寅夜见都抚，请求缓刑。况钟踏勘得知真相，又乔妆卜者，借测字探出娄阿鼠为凶犯，为四人昭雪。

　　见明末朱素臣《十五贯》传奇及《醒世恒言·十五贯钱戏言成巧祸》、谢承《后汉书·汝南李敬事》、清李渔《无声戏》小说。

赌棍（娄阿鼠）　　　　　　况　钟

1956年浙江昆剧团加以改编，删熊友蕙事，成为单线优秀剧目。后由陕西省戏曲研究院王群定移植为秦腔剧目。阎更平、任哲中、梁抚敌、马友仙、田艺奎、贠宗汉、史易风、苏哲民、苏育民、苏蕊娥、王集荣、赵集兴等皆见长。笔者解放前后共演出三个新老秦腔路子的熊友兰（老路子都抚病中梦有二熊压背惊醒事，用间白子三绺老生扮演）。

　　陇东及西府各地秦腔班社，演出之《十五贯》均属最老路子：如知府况钟寅夜监斩时，众役掌灯笼火把，况钟升堂验明正身后，一声令下："押奔杀场行刑"。刀夫手在打击乐中争缚四犯，急下又复上，四犯一字排至台左口斜站，仰面将一句戏词四人分唱而又合声。这虽是快速的一个过场戏，但是全剧冤情到了高潮。苏哲民、苏育民、苏蕊娥、陈尚华、李正华连笔者在内，于20世纪三四十年代演的《新十五贯》，皆非原样。第三次的改本是在20世纪60年代。

尤葫芦　　冯子

新老二都抚

《美龙镇》

明武宗私游大同，住李龙店中。乘李龙外出，调戏李妹凤姐。后告以实情，封凤姐为妃。

一名《游龙戏凤》，又名《卖酒》、《下江南》。见《正德游龙宝卷》，生旦兼重。高新岳、何家彦、权孝苓、杨辅敏、杨金凤、刘亘天、胡波、蔡志诚、马振华、王天培、孔新晟、沈爱莲、梁秋芳、赵振华、董化责、赵云峰、李广华、王益民、张振民、杨醒花、范玉华以及笔者等常演。

《白凤冢》

李凤姐遇明武宗前，曾梦骊龙入房。后果遇武宗。李龙回家发觉，告知镇兵围店。适江彬等来迎帝，事始白。厚照携凤姐回京，行至居庸关，凤姐见四大天王像惊悸成病。适逢鞑靼入侵，厚照亲征，既返，凤姐病重身死，魂入武宗梦中叙别离之情。

一名《骊珠梦》，与《卖酒》一折连演为全本戏。先辈王金良、董育生、名丑阎皮，后来的史易凤、高新平、崔晓钟等常演。后来只演单折《龙戏凤》。

李 龙

鞑 靼

李凤姐　　明武宗

《拾玉镯》

陕西世袭指挥傅朋，偶至孙家庄，遇孙寡妇之女玉姣，二人互生爱慕。傅朋故意遗玉镯于地，使玉姣拾去。刘媒婆得知此事，向玉姣索取绣鞋，代为撮合。

一名《买雄鸡》，又名《孙家庄》。民国初期旧本有低俗色情表演，后经名师惠济民多次改革加工，先后传授于马振华（号"万人迷"，扮相秀气）、傅凤琴、段林菊、赵化俗。

刘媒婆　　　　　　　　　孙玉姣　　　　　　　　　傅朋

《法门寺》

刘媒婆拿孙玉姣绣鞋归家，被子刘彪得知。刘彪持鞋讹诈傅朋，刘公道加以解劝。刘彪夜至孙玉姣家，误将玉姣舅父母褚生、贾氏夫妇杀死，以贾氏头投扔刘公道家朱砂井中。刘公道惧，打死长工宋兴灭口。县官赵廉将傅朋屈打成招，押入狱中。宋兴之父宋国石不见儿，控告，亦被收监。其女宋巧姣用酒灌醉刘媒婆，得悉原委，与傅朋订婚，并乘刘瑾侍奉皇太后至法门寺降香时，叩阍上告。刘瑾复审，斩刘彪、刘公道，奉旨以孙玉姣、宋巧姣（一名二姣）赐婚傅朋。

以上属老本子。1953年陕西省戏曲剧院副院长姜炳泰（任省实验剧团团长时）改编《法门寺》，将双婚删为单婚，将宋国士改名国石，其女二姣改为巧姣。惠济民、阎国斌导演。后由王群定加工辅导。音乐设计王依群、张晋元，演员有王惠芳、陈志杰、阎更平、田艺奎、段林菊，梁狄秋、张瑾、任哲中以及笔者等。此戏后来普及西北各省市。

改戏全名《双姣奇缘》，为古典开蒙戏之一，新秀们演出此目很火。

县令赵廉　　　　　　宦官刘瑾　　　　　　中贵

刘公道　　　　　　刘彪　　　　　　宋国石　宋巧姣

《奇双会》

陕西褒城马贩李奇有子保童及女桂枝，续娶杨三春为妻。杨与地保田旺私通，趁李外出，虐待其子女。保童、桂枝逃出，保童为渔翁救去抚养，桂枝则遇客商刘志善，认为义女，携访刘友赵荣山。赵继妻虐待其子赵宠，刘劝解，将桂枝许婚赵宠。赵中式，授褒城县令。李奇贩马归，不见子女。杨佯称病死。李不信，诘问丫环春花。春花畏罪自缢。田旺、杨氏遂诬李奇逼奸春花致死，告于县丞胡敬。胡受贿，将李奇押入死囚牢。赵宠接任，下乡劝农。桂枝夜闻哭声，始知己父被冤。至新任巡按处告状，知巡按为其弟保童。李奇冤案得以昭雪，一家人奇会团聚。

一名《三拉堂》，又名《褒城狱》、《贩马记》。刘文中、庄正中、张新华、贾玉华、杨令俗、宋尚华、马振华、冯盖民、笔者以及后来的李爱琴、郝彩凤、贺美丽、蔡志诚、胡波等新秀擅演。此剧目是戏剧家封至模自京剧引进，初排始于西安易俗社。早年生角名宿庄正中和旦角新秀刘文中擅演，后逐渐普及。

巡按李保童

李桂枝

李奇　县丞胡敬

地保田旺

赵宠

《日月图》

定远秀才汤威为汤和后裔，赴通州探其舅父柏盛（一名茂林）。柏女凤鸾曾遇仙，仙赠以日月图。见汤功名不就，乃以图赠汤，劝从军御北番。汤乃投提都胡定帐下，献图立功，擒获敌酋阿鲁台。胡冒其功，汤愤辞归。胡定之子胡林素好游荡，出猎遇柏凤鸾，逼婚。汤威适至，定计使舅父携表妹逃走，自己乔扮女装，被胡林迎娶至府。胡林往迎徐瑾、常瑁二押粮官，使其妹凤鸾乔装新郎。洞房中凤鸾发觉汤威是男，惊怒。汤以实告，二人结为夫妇，汤赠以碧玉环。胡林归，识破汤乔妆。凤鸾贿母反责胡林，迫其携汤图像往边关。胡中途为敌所杀。汤威得凤鸾之助，逃出胡府，遇徐瑾、常瑁，以胡定冒功事告之。常引汤至军，质拿胡定，奉旨抄没。胡凤鸾乃衣兄服出逃，路遇柏盛，冒汤威之名。柏指其妄，凤鸾乃以实告。柏凤鸾亦与相见，由碧玉环而结同心。汤威立功挂帅，以日月图讨平敌军。柏盛送凤鸾至，与汤威同结花烛。

一名《颠倒鸳鸯》，又名《卖画劈门·揭帐子》、《日月图揭帐子》。或以为即《乔太守乱点鸳鸯谱》，又误汤威为唐子燕，均非是。抗战初年，西安王德义领王桂玉、刘青华、刘发民、赵正凯等演于西关。《卖画》一折，刘毓中、高喜中、袁兴民等皆擅演。

柏凤鸾　　　　　　　　柏茂林　　　　　　　　汤威

胡林　　　　　　　　阿鲁台　　　　　　　　提都胡定

《一捧雪》

　　嘉靖间太仆寺卿莫怀古提拔裱褙匠汤勤，又将其荐与严世蕃。汤勤谋占莫妾雪艳，撺掇严世蕃向莫索其家藏古玉杯"一捧雪"。莫以赝品献，严喜，授以太常。杯被汤识破，严世蕃怒而搜杯，赖莫仆莫成藏匿未获。莫怀古恐再被逼，弃官逃走。严令校尉追至蓟州拿获，令总镇戚继光就地将怀古斩首。戚拟救无计，莫成以貌相似，挺身代死。莫怀古逃往古北口。

　　一名《四大家人》，习惯用名《搜杯》或《莫成替主》。见清李玉《一捧雪》传奇。李槐坤、安德恭、梁德旗、田德年，后来的吕振国、陈西秦、汤秉忠等擅演并各见千秋。

《审头刺汤》

　　戚继光斩莫成后，人头解京。汤勤言死者非莫怀古。锦衣卫陆炳奉旨勘审，并逮戚继光对证。严世蕃令汤勤会审。陆炳拟断为真，汤勤坚持为假。陆由雪艳暗示，看破汤勤意在得雪艳，又思开脱戚继光，乃佯将其断与汤勤为妾，汤乃不究。洞房中雪艳将其灌醉行刺，报仇后自刎。

　　一名《审人头》，与《一捧雪》连演。

莫怀古

严世蕃

雪艳　　汤勤

《雪杯圆》

莫怀古逃亡,戚继光将莫成尸葬于蓟州西门柳林。怀古妻傅氏抚莫成之子文禄(一作文鹿)成人。严氏势败,戚继光任总兵,函告莫怀古。怀古回蓟州,行经柳林,遇傅氏携文禄哭祭墓前,趋前相认。夫妻重逢,认文禄为义子,以报莫成。

一名《柳林会》。略见清李玉《一捧雪》传奇。情节不同。后尚有文鹿代怀古子莫昊发配及莫昊任巡按昊疑戚继光,父子重圆等事。《一捧雪》、《审头刺汤》、《雪杯圆》常合为全本演出。赵正凯演莫成,高新平扮莫怀古,刘金山、马裕斌扮严世蕃,高升平、刘忠民扮汤勤,水水扮雪艳,泛演于陇东。

戚继光　莫怀古

《朝金顶》

漕河鱼精兴风作浪,河运受阻。海瑞巡察,知而祷于金顶。关帝命周仓前往擒鱼精,行旅得安。

一名《运粮河》。二花脸、武旦武功技巧戏,陈西秦(来喜)、左振华擅演,表演有秘诀:周仓将鱼精用绳拴死于项,鱼精突然逃脱,绳拴在周仓双腕上。笔者十七岁时曾与马裕斌尝试演出于陇东泾川各地。

《打严嵩》

严嵩当权,私造平天冠欲篡位。御史邹应龙知而将造冠匠丘、马二人诱入开山王常宝童府中押禁,拟据以劾严。邹又佯至严嵩处告密。严奉旨至开山府,宝童依应龙计划行事,骗过圣旨,用金铜痛打严嵩。严逃出,拟上殿参奏。应龙指其面无伤,严乃恳邹为己作伤痕。邹趁机痛殴以泄愤。

一名《开山府》。益民社专工丑行关全民、刘金山、马裕斌均演出,张振民扮应龙。

海瑞　　严嵩　　周仓　漕河鱼精　　邹应龙

《四进士》

嘉靖朝新科进士毛朋、田伦、顾读、刘题四人出京为官，因严嵩专权，共约赴任后不得违法渎职，以报海瑞荐举。时河南上蔡县姚庭椿妻田氏（田伦姊）谋家产，药死其弟姚庭美，又串通弟媳杨素贞之兄杨青，将素贞转卖布商杨春为妻。素贞哭拒，遇毛朋私访，杨春亦悯素贞遭遇，撕毁身契，愿代鸣冤。毛朋代写状纸，嘱赴信阳州控告。素贞与杨春失散，遇恶棍，为被革书吏宋士杰所救，认作义女，携至州衙告状。田氏得讯，逼其弟巡按田伦疏通关节。田令差役关某赴信阳贿赂顾读。关夜寓宋士杰店中，宋偷窥其信文。顾读见书徇情。宋士杰不平，被杖责逐出。遇杨春，乃教往巡按处上控。毛朋接状，宋士杰作证，田伦、顾读、刘题皆以违法失职问罪。毛朋判田氏、姚庭椿死罪，为杨素贞雪冤。

一名《节义廉明》。见鼓词《紫金镯》。名家苏育民、苏蕊娥、姚育国、田佐喜、余巧云、刘亘天、李继祖、马友仙、蔡志诚、阎更平、阎振俗，甘肃平凉地区的袁兴民、白贵平，汉中地区天汉剧团的李庆民、赵化俗、龚幼民等均在此目中分别应工。尤其是苏蕊娥与马友仙的唱腔超群。

田伦　刘题　顾读

宋士杰

杨青　毛朋　杨春

《棒打无情郎》

临安丐头金松之女玉奴，于雪天拯救一倒毙书生莫稽，饮以豆汁。金松归，询莫稽身世，乃以玉奴嫁之。莫入京应试，无资，父女讨饭助莫；后莫中式，职取德化县令，偕玉奴父女乘舟赴任。途中忽忌玉奴出身卑微，诓其舱外玩月，推入工中，并驱金松上岸。玉奴落水，被巡按林润所救，认为义女，又觅归金松。到任后莫稽来拜，林佯称有女，招莫入赘。莫喜。洞房中玉奴预伏仆婢，持捧对莫痛殴，面数其罪。林润代为讨情，玉奴始与莫稽和好。

一名《红鸾喜》。见《古今小说·金玉奴棒打薄情郎》及《今古奇观》第三十二回。名家苏蕊娥、李爱云、苏哲民、苏育民、何韵琴、何振中、孟遏云、余巧云、晋福常、李义中、马振华、肖若兰、阎辅中、杨金凤、阎振俗、张新华、赵新启、李新纪、王福生、乔新贤（须生串丑）、何家彦、胡辅盛、肖玉玲、宁秀云、师凤琴、范玉华、吴惠民、王毓芳、傅荣启及笔者等泛演于大西北各省市。

 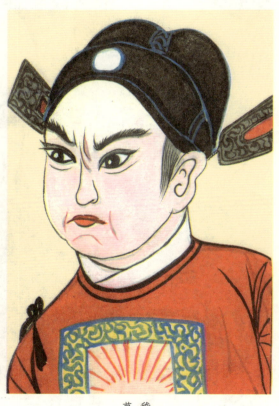

丐头金松　金玉奴　　　　　　　　莫稽

《比翼鸟》

小学生沈步云、宋素青找同学铁宽玩耍，见其熟睡，宋教沈偷卸铁宽左右手镯。沈母责打步云送还镯与铁家。宋母见儿偷镯甚喜，抚爱有加。后素青沦为窃贼，又私通倭寇，攻打中国，被戚继光部将陈佐光擒获处斩。沈步云后中式为官。

该剧前后两本。一名《双母记》。20世纪30年代名师惠济民授与笔者，前本扮沈步云，后本扮陈佐光。

日本部将（小　佐）

戚继光

宋素青

《三娘教子》

薛广有妻张氏、妾刘氏及王春娥。刘生子名倚哥。薛赴镇江，托友带银百两。友吞没其银，假造棺木，伪称薛死外乡。家人惊痛，命老仆薛保运回灵柩安葬。张、刘二妇再嫁，王春娥织纺，与薛保茹苦含辛，抚养倚哥。倚哥在学堂被同学讥为无母之儿，负气回家，不听春娥教训。春娥怒以刀断机布，以示决绝。薛保再三劝解，母子和好如初。倚哥勤奋攻读，得中状元，薛广亦以军功荣耀归家，一家欢聚。

一名《双冠诰》，又名《机房训》。见明人《断机记》传奇、杨善之《双官诰》传奇。擅演者秦坛先辈名家金言芝、杨金声、金元宝、晁天民，后有赵化俗、苏蕊娥。又有王玉琴、郭明霞，甘肃的六龄童（王小红），近期永寿县的苗改琴。最能叫座的算耀县剧团的张慧侠了，古典戏开放后之20世纪70年代末，其在西安解放剧院演出全本时，竟有观众买不到票用一只刚出的锅的烧鸡换了一张入场券。

薛保　　　　　　薛倚哥　　　　　　王春娥

《周仁回府》

　　严嵩当权,谗害朝臣杜宪。杜子文学有友凤承东,卖友求荣。严命校尉逮捕文学,发配边疆。文学乃托妻于义弟周仁夫妇。严府总管严年垂涎杜妻胡氏,计召周仁入府,迫周献出杜妻。周归告妻李兰英。周妻毅然冒充杜妻胡秀英前往,谋刺严年未果,自刎身亡。杜文学起解,遇吕中得妻死信,误以为周仁见利忘义卖友,饮恨而行,逢海瑞,从军。因征讨张武烈有功,袭父职,归里重审此案,斩严年、凤承东,逮周仁,不容分辩,加以重责。吕中、胡秀英适至,说明真情。周仁哭奔己妻墓前,文学夫妻赶至抚慰。

周仁

杜文学

李兰英

胡秀英

老本曾有周仁因伤重而死之情节，后由剧作家王绍猷改编为《新忠义侠》。20世纪30年代至40年代初，由西安易俗社骆秉华、刘文中、郭朝中、马平民、李可易等演出。尤其是骆秉华饰演的周仁，堪称一绝。后来苏育民由姚鼎民导演于1941年（笔者当时在场看排戏），演出虽佳但不常演。笔者在1940年秋随名师惠济民在西府一带排了《回府》单折；1949年冬于渭北演出了全本，受到剧作家王绍猷好评。任哲中、李爱琴先后演出，名声皆大振西北各省市，二人演出之上座率均极佳。新秀李小锋、胡屯胜等演出此剧极火亦佳。

凤成东

严年

张武烈

《虎乳飞仙传》

　　嘉靖时河南兵备道高正有一妻一妾。妻胡氏与仆杜智达私通,被高友梅世荣撞破,杜反辱梅。高正知而怒逐杜,向梅致歉,留宿家中。杜智达恳求丫环柳儿向高妾徐月娘求情,月娘拒之。柳儿乃与胡氏、杜智达定计夜杀梅世荣,未果,盗去家传红书剑。梅惊逃。胡氏、柳儿又诬害月娘。高不察,将月娘重责,驼婆救之出逃。月娘山中产子,无乳,神虎哺乳,命名虎哺儿。杜智达路遇酒家女丁香,挑之不从,杀女母,移祸于梅世荣之仆陈福,以红书剑控于官。高正赴四川节度使任,得状,逮梅主仆,判梅死刑。陈福子进元代死。梅改名入京,得海瑞举荐为鸿胪寺卿。西夏入侵,梅挂帅拒敌。虎乳儿时年十三,习武,路遇高正押粮被敌军围困救之。高失粮,梅审讯,知虎乳儿身世,使其父子相认。高正向梅负荆,接回月娘。功成还朝,斩柳儿、杜智达等。

　　一名《抱灵牌》,又名《高正与梅仲》。由咸阳益民社老师傅李步林传授于宁夏吴中市芭益民(三桥未央宫马家堡子人),与笔者演出《抱灵牌》单折。1957年笔者与西府名家张德铭由陕西省戏曲研究院安排,在人民大厦演出三场。

月娘

梅世荣

杜智达

高正

《蝴蝶杯》

　　明嘉靖时，两湖提督卢林之子世宽游龟山，因强买娃娃鱼，纵恶犬将渔翁胡彦双手咬烂。江夏县令田云山之子玉川仗义救胡，将卢世宽打死。胡彦回船见女凤莲，告以原委，伤重而死。玉川避官兵追捕，逃至江边，被凤莲藏于船中。二人患难中互订婚姻，玉川以家藏蝴蝶杯为聘。凤莲至县衙见田云山夫妇，告以经过。卢林因捕田玉川未获，竟假五堂公审田云山。胡凤莲闯入帅府，替父喊冤，卢林词穷，乃限田云山缉子归案。布政使董温喜凤莲智勇，认为义女。卢林奉旨出征，受挫于敌。田玉川改名雷全州投军救卢林，大破敌军。卢林保荐其功，并将女凤英许婚玉川，班师。成婚后玉川暗回家探父母，卢又差校尉至逼问玉川，父子同往帅府投案，卢林始知雷全州即田玉川，恩怨和解。

卢世宽　　胡彦

田云山　　卢林

1952年剧作家马建翎改编收场是：卢林正欲以女结姻作罢时，渔女胡凤莲赶至，堂上认夫。卢羞怒，玉川、凤莲据理力争，董温仗义执言，卢理曲，怀恨而退，田、胡重圆。又有王保易、王谒民等在20世纪80年代改双婚为单配，卢林女凤英嫁部将唐将军，合情合理而终场。

田玉川

布政使董温

二苗　大苗

卢凤英

唐将军

《玉堂春》

　　名妓苏三（玉堂春）结识吏部尚书子王金龙，誓偕白首。王金尽，被鸨儿驱逐，落魄，居关帝庙中。卖花金哥代送信与苏三，苏三往相会，并赠金使回南京。苏三自王金龙去后，矢志不接一客。鸨儿设计将其卖于山西富商沈燕林作妾。沈妻皮氏与赵监生私通，欲害苏三，反将赵监生害死。县官受贿，将苏问成死罪。解差崇公道提苏三自洪洞赴太原复审，途中苏三诉说遭遇，崇加以劝慰，并认为义女。苏三至太原，三堂会审。巡按王金龙见苏三不能自持，为陪审之藩司潘必正、臬司刘秉义看破，顺水推舟，平反了冤狱。王金龙、苏三破镜重圆。

　　见《警世通言》卷二十四《玉堂春落难逢夫》。此剧属秦腔老本子。20世纪二三十年代，经戏剧家李二先生改编，很受行家及广大观众的欢迎，亦造就了很多男女演员，先有屈振华、张敬堂、何振中、苏哲民、苏育民、尚恒志等，后来有女伶余巧云、孟遏云、宁秀云、师凤琴、范玉华、苏蕊娥、何韵琴等。笔者曾由三意社之冉春民排导于宝鸡市新汉社（现人民剧团），高新岳演刘秉义，赵新启扮鸨儿，后邀请的名家有晋福常、孟遏云等。后来的新秀肖玉玲、刘美丽、马友仙近来亦常演出。

刘秉义

王金龙

潘必正

苏三

《通天犀》

许起英回山后，其妹许佩珠下山，遇解差押解莫遇奇主人程老学。佩珠杀死解差，救程上山。许起英问程罪情，得悉莫遇奇因误助官兵，反被诬陷收监，即将处斩。许起英闻言，义愤填胸，不计前怨，改装下山，劫法场，搭救莫遇奇。

一名《虎救郎》，又名《血溅万花楼》。见清人《通天犀》传奇。秦腔名家刘茂森唱做俱佳，演出于甘肃省境内外。全本《通天犀》依据中国京剧院1958年加工整理本，与《白水滩》连演，易名《十一郎》。笔者十五岁时（1936年）由名家谢新民排练于益民社，赵文国扮青面虎、笔者扮十一郎。宝鸡新汉社二花脸王新虎、五一剧院的陈西秦，甘肃张掖地区七一剧团之张振中，咸阳县益民社之高学民、齐发民皆与笔者早年搭档演出《白水滩》，均佳。

许起英（青面虎）

莫遇奇

夏副将

许佩珠

《三上轿》

万历中湖广李通欲上京赴试，依附首相张居正之子秉仁。张秉仁见李通妻崔秀英，心怀不良，与家丁张增（一名张振）定计，用药酒鸩死李通。李父李配鸣官，官畏张势不理；张秉仁则逼崔秀英相从。崔秀英假意允许，索银一千，养赡翁姑，并约三事：一请知府为媒，二令张为夫挂孝，三新房内不燃灯火。张秉仁皆从。崔秀英暗藏利刀一柄，托幼子与翁姑，至张家自刎而死。

一名《烈妇殉夫》，又名《李十娘》（剧中人姓名有异）。先辈名家金言芝、金元宝、杜养民、吴惠民擅演，后有董化清、赵化俗、女伶余巧云在20世纪80年代改编了剧本，加工了表演身段动作，泛演于关中各市县，并由陕西省电视台、北京戏曲研究所1989年初冬先后录了像。

张秉仁

崔秀英

李通

张增

《假金牌》

给事中孙安性耿直，不避权贵。恨张居正专权，上本参劾，被神宗斥退。孙安次日造全家棺木，抬至金殿，以死力争。神宗怒欲斩之，定国公徐彦昭力奏得赦，降为荆州刑厅，另赐朱漆棍二十四根，以压豪强。孙安到任，察知李通、崔秀英冤情，用计佯见张居正之子秉仁。崔秀英魂附秉仁，招供谋反事。孙安计诱张秉仁至衙，将其制作皇冠龙袍存证，杖毙张秉仁于公堂之下。钦差杨青忽奉张居正命持假金牌来取孙安首级。孙夫人看破伪金牌，孙回朝动本，拿张居正问罪。

一名《三上殿》，又名《搜府》。秦腔先辈最擅演者莫过于武功县名生角刘金库，依西路戏路并以大段道白、表演情到神现而见长。前辈花脸名家梁德旗扮演的张秉仁，在剧中设有癫狂病之表演，渲染剧情，较为独到。王正秦亦擅演。1940年秋，笔者19岁，在武功县以南母社演出该戏。该县行政机关开重要晚会，用一人一骑将我接去。当晚的章目第一回是王正秦和其弟桃兆的《铁公鸡》，二回是李金钟、虎娃子《藏舟》，三回笔者《哭祖庙》，刘金库在大麻子四回的《张松献地图》之后押大轴《假金牌》。20世纪80年代名伶李爱琴、李买刚、贺美丽演出之《孙安动本》颇受观众欢迎。

孙安　　　　　　　　　杨青

张居正　　　　　　　　明神宗

《忠保国》

明穆宗死后，太子年幼，李艳妃垂帘听政。其父李良，蒙蔽李妃，企图篡位。定国公徐彦昭、兵部侍郎杨波，于龙凤阁严词谏阻。李艳妃执迷不听。

见《香莲帕》鼓词。一名《黑叮本》。为须生、净角、旦角唱工戏之一。

《叹皇陵》

徐彦昭谏李艳妃不听，乃谒皇陵，哭拜于先帝陵前。杨波率子弟兵至，与其会合。

《二进宫》

李良阴谋篡位，封锁昭阳院，使外隔绝，李妃始悟父奸，独居悔叹。徐彦昭、杨波二次进宫进谏。李妃感悟，遂以国事相托。后杨波领兵，拿获李良诛斩。

杨　波

徐彦昭

杨　波　　　李艳妃　徐小姐　　　徐彦昭

《马芳困城》

　　明穆宗时，勇士马芳落草京西卢沟桥，被国丈李良捕获，割其左耳，游街示众。杨波见其英武，将其保释，收为义子，并荐举为大同总兵。李良死，神宗即位，杨波辅政，吏部尚书徐赞与杨不和，将杨诬陷入狱。马芳闻知，率部进逼京师，围皇城。神宗惊，命杨波劝马芳退兵。马芳约先释杨，交出徐赞，并将御林军归己统辖，方允撤兵。神宗不得已允从。

　　专工红脸戏之一，郑生云、董育生擅演，后失传。《黑叮本·二进宫》花脸行虽火，还是梁德旗、田德年、张建民、金言芝、何振中、申正坤、高天喜杰出。

《卢沟桥会面》

　　杨波五个义子会师于卢沟桥，后一拥而进京捉拿李良，破其八月十五日篡位之图谋。

李良

马芳

赵飞　　　　马芳　大郎　　　　王社香　三郎

《双罗衫》

　　苏云之父因忤司礼太监魏忠贤被贬，苏云入京投父，魏知兰溪县盗风甚炽，故使苏云铨选兰溪县令。苏云弟苏雨留家侍母，苏云自携妻郑氏赴任。临行苏母取家藏罗衫二件，一件留家，一赐苏云。苏云误搭盗船，水寇徐能劫财杀诸仆，逼苏云投水，并逼郑氏从己。徐能弟徐用灌醉群盗，与王九救郑氏逃。郑氏中途产子，用罗衫半幅裹兜。徐能酒醒，令吴忠（一作廉贤）追赶。吴闻儿啼，觅得郑，见其哀楚，不忍，抱婴儿归，佯称郑氏已死。徐能遂认婴为己子。郑氏逃至尼庵，被老尼收留，荐其为浙总督王国辅家乳娘。苏云落水，被石山盗首刘全所救。苏母在家盼子不归，家又失火，次子苏雨被诬通贼囚禁，家产荡尽。徐能抚苏子成人，取名继祖，赴京应试，中途口渴，遇苏母汲水。苏母见继祖貌苏云，悲泣，继祖见苏母衣罗衫与己相类，亦讶之。苏母告失子情事，继祖允代查访。及中式任巡按，郑氏、苏云相继控告徐能，继祖始明己身世，以双罗衫为证，一家团圆。继祖拿徐能欲斩，徐用已出家为道士，代兄乞宥，继祖乃流放徐能。

水盗（徐能）

郑氏

苏母

徐用

一名《详状》。见清人刘方《白罗衫》传奇,《警世通言》卷十一《苏知县罗衫再合》及《今古奇观》。又与《太平广记》崔尉子事,《三侠五义》倪继祖事相类似。先辈王金良、金言芝、王兴卜、董良生、梁德旗、贾德善、金元宝、罗福生皆擅演。笔者19岁时由名师李步林排出,演出《详状》,获内外一致好评。至今尚能背诵剧词!

吴忠(廉 贤)　　　　　　　徐继祖

《春秋配》

　　商人姜韶外出，继妻贾氏虐待前妻之女秋莲，逼往山涧检芦柴。遇书生李华（春发）送友张雁行归。春发赠银，秋莲不受，李委银而去。秋莲归，贾氏诬女不贞，欲鸣官。乳娘伴秋莲趁夜出逃，遇土匪侯尚官。侯杀乳娘而逼秋莲。秋莲佯允，同登乌龙岗山头，诱侯折花，将其推坠涧下，秋莲逃奔尼庵。窃贼石敬坡过岗见侯，将其所劫包裹携去。感李华对己有恩，将包裹暗投其院中。贾氏见乳娘尸鸣官，供出李华赠银事。太守耿申率侍役至李家，见包裹，疑李为凶首，押禁狱中。石敬坡探监，李嘱往好友张雁行处求救。张妹秋鸾寄居侯尚官家，侯欲卖之为娼，被石敬坡听知，误以秋莲为秋鸾属一人，逼其见官救李华。秋鸾被逼投井。石去禀官，恰遇姜韶，救秋鸾。姜韶同伴徐黑虎见秋鸾貌美，打死姜韶，抛尸井中，缚秋鸾而逃。遇巡按何德福，被拿获。何将秋鸾安置尼庵。石敬坡奔告太守耿申"秋莲投井"，贾氏反诬石为凶手。巡按何德福私访，见而连同侯尚官逮解回衙。张雁行率部围城，劫李回山。李暗逃下山，路途尼庵，遇秋莲、秋鸾，互诉冤苦，齐奔何德福

姜秋莲　　　　　乳娘

李华

张雁行

处告官。何判贾氏罪,将侯尚官、徐黑虎斩首,以李华招安张雁行有功,荐为翰林学士。李华奉旨与秋莲、秋鸾成婚。

　　以上为老本情节。1957年陕西省戏曲剧院名剧作家袁多寿改秋鸾嫁与石敬坡,删掉张雁行。1957年春夏陕北巡回演出时,由一团赵正凯、笔者合作设计新排,回到西安演出于南大街,月余仍是满座。名旦新秀段林菊、郝彩凤、杨凤兰在古装剧方面,皆依此剧开蒙。当时省长赵寿山向笔者曾打趣地说:"《春秋配》改得好,我看了五次了还想看。四排中间是我的位子,警卫员找不见,有意见……"他真是位爱、懂又能唱的一位关中地道的秦腔戏迷。

　　当时京剧大师梅兰芳、徐元珊、姜妙香第一次演出于西安,对《春秋配》一剧是大加赞赏。后文化部部长田汉来院看了《春秋配》,赞叹改得好。阎振俗扮耿申、任哲中扮李华、笔者扮石敬坡、童艺民演何德福、王正秦扮贾氏、范正才扮乳娘。

张秋鸾

徐黑虎　　　　　　　　姜韶

贾　氏　　　　　　巡按（何德福）

县令（耿申）

《九更天》

　　书生米进图别兄进国携老仆马义入京赴试,夜宿旅店,梦兄浴血来会,醒而惊异,折回家中。其嫂陶氏与邻居侯花嘴私通,果将进国谋害。见进图归,侯花嘴又杀死己妻柳氏,衣以陶氏之衣,移尸进图门前,而匿陶氏及柳氏头,反诬进图害死其嫂。县官捕进图,马义代鸣冤。县官佯谓如寻得尸头即可缓刑。马义回家,逼死己女,砍其头至县。县官乃以女头判进图斩刑。马义悲愤,入京师,奔太师闻朗处上控。闻朗以钉板等刑试之,马义冒死以身尝试。闻察知果有冤情,拟亲往勘察。此时距刑期已近,当夜天直至九更始白。闻赶到察明案情,进图之冤遂得平雪。

　　一名《马义滚钉板》,又名《弗天亮》、《马义救主》。见明朱素臣《未央天》传奇(米进图作米新图,托为汉代事)。内容歌颂愚忠、愚孝,舞台形象亦残酷、恐怖。有以闻朗作文天祥者,误极。名家苏育民、李应才、赵振华、张振民、赵云峰、张忠义等曾演于解放前夕,后不见献台。在旧社会为给观众验证是真钉板,未滚之前常以活公鸡摔于板上,鸡扑打双翅活活死去……

闻朗　　　　　　　县官

侯花嘴　　　　　　马义

《庚娘》

中州文士金大用与妻庚娘逃难,途遇少年王十八及其妻唐氏,同船而行。王谋霸占庚娘,推金入水。其妻唐氏骂王,亦被王推入水中。王逼庚娘,庚娘假意应允,但约定归家后成婚。至金山,庚娘将王灌醉杀死。王弟十九欲捉庚娘,庚娘投水死。乡众敬其贞烈,将其厚葬。有二贼夜往盗墓,庚娘复活,遇耿夫人,被认作义女。金大用落水,为尹翁所救,遇王十八妻唐氏。尹劝金续娶,金不从,入袁崇焕幕中,有功,得官归里。闻庚娘死讯,忍痛续娶,同至金山祭奠庚娘,巧遇耿夫人及庚娘。相见惊疑,夫妇以闺隐语试探,相认重圆。

一名《庚娘传》。见清蒲松龄《聊斋志异》及《飞虹啸》传奇。20世纪二三十年代,西安易俗社刘俗、马平民、肖润化、樊新民、邓维民,咸阳益民社刘玉华、刘鸿秦、姚振杰、关全民等在名师惠济民排导下泛演于甘陕后巡回演出于新疆。刘玉华临老未回长安曹村,落足于新疆,当地给其安排田屋之产,全家几代皆工作于当地……

王十九　　　　　王　母　　　　　王十八

庚　娘　　　　　　　　二　贼

《打红台·双上坟·杀船》

巨盗萧方（即王十八）打抢了皇饷，隐名永尚县无情渡口。推张型点下水，逼张女翠莲成婚。三月三祭坟，遇落魄书生金大用偕妻庚娘扫坟。因金父前任永尚县令，亏空了地丁银子，永尚县官令二差役锁拿了金大用。萧方接受了红台山韩虎聘金，与其结为兄弟。萧方假意帮金夫妇回上江南，船行至无情渡，逼金让庚娘。庚娘大骂，被推下水。又踢金入急流中，锁庚娘于后舱。庚娘自缢舱梁之上。萧匪众回船殓收尸抬葬时，遇官兵，众匪弃棺逃散。庚娘被平王搭救，收作义女。萧方至红台山后，杀死崔庄主，后与平王对戈，成了阶下囚，但赢得了平王欢心，招赘为驸马。洞房中被庚娘看破，告与平王，杀了萧方。金大用落水被救，幸遇庚娘，夫妻重圆。

金大用

二差人

包子（大、二、三）

以上属滇川二剧之传统剧目。1959年春至暑，为充实秦腔表演，陕西省与四川省协商，由川剧遣名生角彭海青、名旦周慕莲等，驻进陕西省戏曲研究院，传授技艺。全院四个演出团生角行，指由笔者带队，学习扇子、雉尾、踢搭、爬拉以及各种道袍功等。李继祖和李应贞学演了《情探》。王玉珍学演了《别洞观景》。笔者学演了（五场）《打红台·双上坟·杀船》两折，扮萧方，吴秀莲扮翠娘，何菽霞、刘明林扮庚娘，王大为扮金大用，卫保善扮韩虎，李兴训、万锋扮差役，王正秦扮杨丑，阎振俗、魏正风、李述祖皆扮包子（川称包子即流氓）。在院礼堂演出，四川川剧院进京途中在西安看了这场戏后上台祝贺演出成功。彭老师认为我将剧中人物个性把握准确私传"藏刀"秘诀。我匀空抄录的《打红台》全本，现存于陕西省戏曲研究院资料室。

萧方　　杨丑

韩虎

崔庄主

《南天门》

　　吏部尚书曹正邦忤魏忠贤被贬，携眷返里。魏遣心腹司羽埋伏中途，杀曹全家，仅老仆曹福及玉姐得脱，偕赴大同投亲。天寒僵冻难行，至广华山，天大雪，曹福为玉姐脱衣保暖自己被冻死。适大同遣人接迎，玉姐乃归。前叙魏做寿，曹往贺。魏劝曹助己谋篡，曹大骂而去；后叙玉姐至大同，见翁父李能。魏结交趾攻大同，又命司羽拿问李能。李部将张守信识破假旨，反擒司羽，又捉交趾太子，得魏通敌证据，回京围城，奏明前情，杀魏忠贤雪恨。

　　一名《天启传》。旧时关中各地书摊常卖的剧本《德娃（演员名）走雪》称其演玉姐独到。纵观秦坛几十年来，虽演曹福者伙，唯甘肃省平凉地区剧团之袁兴民饰演之曹福，过独木桥一节，动作写意，真是艺术且生活化了。

曹　福

曹玉莲

魏忠贤　　　　　　　司　羽

一个丑行演员，在《走雪山》一折戏中，扮演四个剧中人物。一是倒金铺之掌柜的（未成交），二是另一家倒金铺老掌柜的（成交了）。第一个属老陕，第二是位山西老者。第三位是个四川人，为赶脚者，索资过多未成交还骂人。第四位是迎接玉姐至大同之老将。旧时出现一场五或六个折子时，演员若少或既定型（指初学时），往往一个演员演十至十二个角色，谓之"代角"。

一个丑角所扮四个角色

《鱼腹山》

明末，李自成领导农民起义军至四川巴西鱼腹山中。明廷辅杨嗣昌筹饷增兵，将义军重重围困，并施美人计，以知府之女、知县之妻王兰英诱义军大将刘宗敏叛投，以瓦解义军。刘被迷惑。事为李自成及众将所察，教诲刘宗敏，杀王兰英。刘始悔悟，遂与自成乘敌不备，突出重围，于陕鄂交界之地重整旗鼓，向中原进军。

戏剧家马健翎（原陕西戏曲研究院院长）编剧，民众剧团首演。

马维新

杨嗣昌

侯贡

李自成

李过

刘宗敏

《宁武关》

　　明将周遇吉守代州，与闯王子李洪基酣战数日，后用计擒之。闯王围城索子，周将李洪基杀死。周遇吉失守代州，突围回宁武关探母。其母赵氏责令出战，周乃别母再出。其母命媳、孙自杀，放火自焚，阖家皆死。周遇吉死战，被闯王部将乱箭射伤，自刎。

　　一名《上关拜寿》，又名《一门忠烈·遇吉带箭》。名家刘易平壮年时看家戏之一。20世纪三四十年代西安名票友赵鹏飞拜刘易平为师，后来常演出，亦佳于唱。前辈郑生云、董育生擅演《带箭》，唱唢呐牌子。

周遇吉

李洪基

《煤山恨》

　　闯王围京城，李国桢出战屡败，请思宗朱由检出奔。朱由检不从。闻报太监杜勋等献彰仪门，朱由检持剑入宫，逼周后自杀，并断公主左臂，展观铁冠道人所进图，有所会意。往煤山，哭诉祖先自缢而死。

　　一名《崇祯归天》。见《铁冠图》传奇。清逸居士编。秦坛总汇《铁冠图》、《对刀步战》、《宁武关》、《煤山恨》四折为《铁冠图》全本泛演甘陕各地。陇东西逢镇董子塬及平凉、泾川等地擅演者莫过于白书来、月月子。西安易俗社名家骆秉华由老套路子改革，出新于20世纪40年代。梢子功、跪步、三绺、板带及唱动空前绝后。四五十年代张志锋、赵毓平亦演。笔者曾扮王承恩。

思宗朱由检

闯　王

《山海关》

　　吴三桂坐镇三海关，其父吴襄为闯王所杀。闯王命李虎劝降，吴三桂不从，反将李虎剥皮刺背以辱闯王。吴三桂因国仇家恨，请清兵入关，与闯王交战。闯王兵败，清兵侵入中原。

　　史易风、秦鸿魁、王正财、月月子、白书来、马应斌、赵正凯、华启民、赵文国、高升平等于20世纪30年代将全本《铁冠图》串为连台戏。因有歪曲农民起义军形象老路表演，如闯王责斥责吴襄时，拍案力猛，平顶冠掉落，拾冠时手被龙袍绊着不能伸出，又因脸谱左眼用吃过丸药之白腊壳（半个）塞入，显得特别大而又无黑眼仁，右眼用赤红画得很挤，丑画闯王为单眼龙。解放后在剧改中，笔者曾帮助郭育民以赤忠之大红脸勾画脸谱扮演李自成。

吴三桂

陈洪范

猛如虎

满洲部将

《闯王遗恨》

闯王李自成即位,国号大顺。胜者生骄,市井商贾有被李部属欺凌者,李信慰之。吴三桂识名妓陈圆圆,欲收为妾,被皇亲田畹夺去。田畏闯王,又将圆圆献于三桂,以保身家。闯王部将刘宗敏掳吴父吴襄及圆圆,吴三桂怒,投降满洲,借兵入寇。大顺朝内政互相不和,李信愤责刘宗敏。军师牛金星杀害了李信,李妻红娘离去。吴三桂借兵逼近,李自成率众弃京城。吴三桂复得陈圆圆。清多尔衮封吴三桂镇守云南,吴携陈圆圆离京。

一名《北京四十天》,又名《陈圆圆》。解放初(1949年至1955年),三原县明正社杨安民导演,张志锋、赵正凯、冯盖民、薛巧玉、田艺勇、阎振俗、马振华、王明佐、王正熙、刘正民、海海、田艺奎及笔者等先后改换演出,司鼓程新豫,李艺运等武场面,板胡王兴武。

刘宗敏

陈圆圆

牛金星

这出戏李闯王脸谱由老扮单眼龙改为正生赤脸形象比较正确。我们在探讨时,认为李自成脸谱印堂冲纹与关羽应该分开比较好:关羽突出永不与人展眉梢画冲纹,李自成依深思熟虑冲纹后现台,尤其是李戴霸王盔身着帔衣人物形象既艺术而又突出。在其服装上,当时箱主有"有啥穿啥"的习惯,"张冠李戴",如给李自成着装是三国戏关羽的那一套,而擅演关羽戏之郭育民又扮李自成,其身段声腔将两个人物演得恰似《双相容》中的双胞胎了。

李自成

李 信

《史可法》

　　史可法辅福王，任兵部尚书督师扬州。清兵入关，多尔衮致书劝降，史回书严辞拒之。清兵进攻，史不屈而死。扬州军民葬其袍笏于梅花岭，四时祭祀。

　　一名《梅花岭》，见《明史》及《桃花扇》传奇。西安易俗社骆秉华，猛进剧团郭孝民、德民等演出，挂牌《梅花岭》。

《打镇台》

　　八台总镇李庆若之子游春，调戏民女。礼部尚书之子文庆劝之不听，李子误跌水中溺死。李庆若奏与圣上，批在华亭知县王震处断案。王将尚书传至未问，李庆若挟势加打。王震制止时，李庆若喝令其左右责打，王愤而打了总镇李庆若。

　　不见明史。贠宗汉、白贵平、丁良生及先辈赵云峰、吴治中、阎更平、甘肃省袁兴民等均擅演。

史可法

多尔衮

王震

李庆若

清代
故事戏

　　按：清代故事戏以《彭公案》、《施公案》等公案评书为主，短打戏较突出。黄天霸故事戏文，较原书影响为巨。《红楼梦》戏虽亦有不少，但普及较差。据清末实事改编诸剧目，大多以炫奇为主。

《董小宛》

　　明末四公子冒襄（辟疆）与秦淮名妓董小宛相爱，洪承畴降清任总督，与冒有隙，向清世祖（福临）力誉小宛之美。世祖召小宛入宫，纳为妃。冒襄乔装入宫，与小宛诀别。世祖知而怒欲斩冒襄，小宛求赦，始放冒出宫。

　　见冒辟疆《影梅庵忆语》，情节不同。

《武文华》

　　三河知县彭朋因恶霸武文华之羽党左青龙强占民女，将其拿问至官。武文华大闹公堂，被逐出，乃劾彭朋罢职。后万君兆、李佩、李七侯等合力将武文华拿获。

　　见《彭公案》第二十、二十一回。猛进剧团之晋剧全武行以耿王祥、王登云等演出（晋员搭秦班）。

降将（洪承畴）

清世祖（福临）

李　佩

武文华

万君兆

左青龙

《九龙杯》

　　清圣祖（玄烨）出猎遇虎，黄三太镖打猛虎，圣祖赐以黄马褂。绿林杨香武不服，入宫盗出九龙玉杯。圣祖命黄三太访缉。三太乃借祝寿为名，邀各江湖好汉至府，询问玉杯下落。杨香武挺身自承，但杯又被人盗去，辗转入于金翅大鹏周应龙之手。杨往讨，周怒，二人赌按期盗杯。届时周亲身守杯，杨无计，乃用熏香迷倒周妻，缚之以惑周。周闻率众出视，杨乘机盗杯而去。周追赶，为黄三太率众击退。

　　一名《庆贺黄马褂》、《紫霞庄》。见《彭公案》第二十七至三十六回。先辈谢新民杰作。1936年授于笔者（半成品），后师傅因故离去。平凉平乐社之李平林（长长生）扮杨香武、笔者配计全演于陇东。

镖　客（黄三太）

杨香武

周应龙

计　全

《溪皇庄》

　　高阳溪皇庄土豪花德雷与采花蜂贾亮为友，采花害命。彭朋私访，被花识破，押禁土牢。彭部下徐胜、刘芳等四处寻访，遇镖客褚彪及贾亮。徐、刘定计各携妻女，乔装卖艺人，趁花庆寿时混入，救出彭朋，合力擒捉花德雷。

　　见《彭公案》第八十八至九十三回。新汉社王新虎、李新杰，三意社姚育国等演出。

花德雷

刘芳

褚彪

贾亮

《恶虎村》

黄天霸因施世纶升迁，拟归绿林，又恐施路经恶虎村为盟兄濮天雕、武天虬劫持，遂暗地跟踪。濮、武果为莲花院群雄报仇，劫施入庄。又值镖客李堃经过，濮、武与之格斗。黄天霸解围，乘机以祝寿为名，入庄刺探。濮、武百方遮掩，终被黄看破。夜复纠合李堃、王梁、王栋入庄救出施世纶，与濮、武反目。黄用毒镖打死天虬夫妻，用酒坛掼死濮妻。濮天雕自刎。黄火焚庄院，随施上任。

一名《江都县》，又名《三义绝交》。见《施公案》第六十四至六十八回。西安三意社学生班和新汉社20世纪30年代在西安排演时，均摹仿京剧名家杨小楼。

武天虬

濮天雕

《蚆蜡庙》

飞天豹武七鞑子的徒弟淮安招贤镇土豪费德功，有宝剑及药箭，雄霸一方。与米龙、窦虎游蚆蜡庙，见梁氏女美，强抢归家。逼婚不从，将其乱棒打死。金大力路遇梁仆，引见施世纶，由褚彪订计，与黄妻张桂兰及贺仁杰乔装农民一家，故意经过费家门前。费果将张桂兰抢去。桂兰趁机盗取费之宝剑、药箭。黄天霸、朱光祖掩至，合力与费格斗。黄夫妻中伏被擒，被解救。众再协力擒获费德功。

一名《招贤镇》。见《施公案》五集第十七至二十二回。陈西秦、左振华、汤秉忠、姚育国、杜永泉、肖辅兰、何俊民、周辅国、乔新贤、高新岳、景乐民、阎更平、孙宝华及笔者（扮黄天霸）等，分别扮不同角色，均擅演。

米 龙

费德功

窦 虎

关 泰

《飞天关》

　　费德功之师飞天豹武七鞑子为费德功仇，镖打褚彪左臂。金刀黄秀助擒武七鞑子。

　　一名《拿武七鞑子》、《拿飞天豹》。

《北皇庄》

　　太原土豪花得雨，自号北霸天，强抢少女乔翠娥逼婚不从，将其杀死并剥其皮。乔女魂用隐语控与施世纶，施拆字，得花之名。朱光祖识花，前往为内应。黄天霸等掩至，擒获花得雨。

　　一名《拿花得雨》。按：花得雨名不见于《施公案》，而见于《彭公案》，与《保安州》情节又近，可能张冠李戴。

武七鞑子　　　　　　土豪花得雨

黄天霸　　　　　　　金大力

《盗御马》

窦尔墩被黄三太镖伤后,愤至口外连环套聚义。十数年后闻梁九公出口外行围,携有清帝所赐御马,忆及前仇,乃下山暗入梁营,将御马盗去,嫁祸黄三太。

见《施公案》七集第一回。三意社姚育国演出。引进于京剧。

《连环套》

梁九公失落御马,见柬留黄三太之名,知黄已死,乃调其子记名总兵黄天霸问罪。彭朋与黄三太有旧情,暗中庇护,限令访拿。黄天霸乔装镖客出口外,遇窦部下贺天龙,将其擒拿,闻窦名,故释之,假意拜山,诱窦自承盗马。黄先软语求告,窦疑之。天霸道出真名,又以语激窦,约次日比武,脱身下山。朱光祖夜入连环套,盗窦双钩,而将黄之刀插留案间,次日反责窦无勇。窦中计,怒献御马,随黄至官。

常与《盗御马》连演。王新虎曾引进演出。见《施公案》七集二至九回,又十七至三十四回。

窦尔墩

梁九公

朱光祖

《三搜府》

施世纶巡视南京，归途在黄河擒获匪徒善四、善五，得知太师索额图私造皇冠、蟒袍谋篡。施押善等回京上奏。康熙命施率众往搜索府，不见端倪，反遭索百般侮辱。康熙亦怒斥施诬告大臣欲斩。尚书张明格以身家保奏，令施再往搜查，仍未得。张明格教施勘审二善，得知藏匿所处。施三次往搜，人赃并获。康熙乃贬索为庶民。

略见《施公洞庭传》。一名《八东代历·三搜索府》。笔者蒙师董育生（号梅老四，长安杜曲南乡人）扮施公（称施不全），梁德旗扮索额图，二人配合默契。演出极受欢迎。董为施造形：左目瞎，大红生角脸有大麻子，前胸凹窝、后凸背锅、横手、拐脚、跛腿；戴状元头饰，大红蟒袍。主要为"白口"蒲戏，有时某联需一口气喷吐上百余字，常常惹得观众齐声喝彩不迭！文戏武演，有腾空过椅子落坐椅背或椅中，获赃后打索额图左右几个快巴掌，或跌既远又高屁股"跌子"等，皆是当时秦坛舞台上之特技了。老师多次演出，使笔者为他配天霸一角，后因故师生早别，未能继承师之杰作，落笔时顿觉心酸而又遗憾。后来与名家杨卜喜在武功县同台。其演出口技较佳。

匪徒善四

窦尔墩

索额图

施世纶

《红楼梦》

秦腔根据《红楼梦》故事改编的戏曲剧目有《风月宝鉴》、《归省大观园》、《太虚幻境》、《馒头庵》、《俊袭人》(又名《解语花》)、《黛玉葬花》、《摔玉负荆》、《千金一笑》(又名《晴雯撕扇》)、《贾政训子》、《梅花烙》、《栊翠庵》、《俏平儿》、《晴雯补裘》、《藕官化纸》、《醉眠芍药》、《芙蓉诔》、《香菱》、《红楼二尤》(又名《鸳鸯剑》)、《伤春》、《宝蟾送酒》、《黛玉焚稿》、《宝玉出家》等多折,也增减连演为《红楼梦》全本,由李爱琴、贺美丽、马桂英、刘化鹏、赵敏章等联袂演出于秦坛。亦曾以该目剧照出版四条屏年画,亦受关中民间欢迎。

王熙凤

贾 政

贾宝玉

林黛玉

《红柳村》

纪献唐部副将何杞，因拒纪代子求婚，被陷入狱，忧愤而死。其女玉凤改名十三妹，奉母逃走。纪遣武士包成功行刺，反被玉凤所擒。玉凤将其释放，至红柳村投奔老侠邓九公。适值绿林海马周三向邓寻仇，玉凤打败周三。邓感之，收其为徒，伺机报仇。

见清文康《儿女英雄传》第十三、十四回。戏中纪献唐即影射年羹尧。秦腔引进戏之一，王兰玉、王玉润等曾演单折。

邓九公

纪献唐

周三

《能仁寺》

　　老儒安水心出任淮阳县令，忤上司被谗，需银六千打通关节。其子安骥携银三千率仆营救。仆华忠中途染病，驴夫白脸狼、黄傻狗见财欲害安，被玉凤听去。凤至悦来店，故挪巨石，与安相见。悯安遭遇，自愿代筹不足之银坚嘱勿去。安被驴夫诓离店中，又误入能仁寺，被恶僧绑缚欲杀。何玉凤踵至，弹打恶僧，杀死余恶，救出安骥与被掳之良家妇女张金凤及其父母，并代安、张联姻，赠金借弓，使赴淮阳。

　　一名《悦来店》，亦名《十三妹》。见清文康《儿女英雄传》第四至十回。江都李毓如编。秦腔引进戏之一，王兰玉演出。

驴夫（白脸狼）

黄傻狗

何玉凤（十三妹）

《反大同》

康熙遣八都公（八千岁）巡察大同，大同总镇姜谦宴尘。校尉金瞎、二瞎背八都公向姜谦要"红裙妓者"，被姜拒绝。八都公责打二校尉各四十军棍，贬二人至柳林看守皇饷。大同部将王福臣妹路经柳林，被二瞎劫持奸污。王福臣被逼反，怒打二贼。八都公调来兴安总镇刘德芳，王福臣斩之。又调云南吴三桂。吴部将马山宝出战福臣，二人未分胜负。吴三桂劝姜谦、福臣罢兵，收福臣，斩二瞎。

先辈贾德善、辛娃老五、张新华及笔者擅演，并各见其长。

八王子

吴三桂

王福臣

马山宝

《访苏州》

　　苏州刘勇，横行无忌，屯兵养马，欲反。康熙扮就算命先生暗访，认店小二宝童为义子。朝中奸相哈玛，暗通信于义子刘勇，告知康熙至苏州。刘勇搜店擒康熙，将其囚禁。义士王大义妹碧莲，结伴元夜玩花灯，被刘勇强抢逼婚不从。刘勇欲杀，刘母拦救，将其收为近身女婢。王大义闯府救妹，与刘格斗被打死，被抛尸郊野。后为仙道救活，引进深山传法。王碧莲送饭，问明康熙被囚情由，盗取钥匙，寅夜救出康熙，并在事前于店中托宝童送信于京。大将郭英往，刘勇领兵追赶；王大义下山寻仇，恰遇厮杀，乃与郭英协力擒获刘勇。康熙斩哈玛、刘勇，纳碧莲为妃；封王大义；宝童送信有功，被封为神行太保。

　　一名《康熙王访苏州》。旧时科班为新生必修课练素质章目之一。当时此目较普及，只要学得扎实，即使遇生班生人，不对词不走场，就可演得环环入扣。此目是笔者开蒙时第二个基础课目。第一个是《锦囊记》之周瑜（连《黄鹤楼》在内）。

哈玛　　刘勇

郭英　　康熙帝

《香妃恨》

　　清高宗（弘历）命兆惠侵伊犁回部，掠酋长布拉敦之妃香妃伊帕尔罕回都，百般取悦之，以图纳为妃嫔。香妃思念故土，以刃自随，欲刺弘历。太后闻知，乃乘弘历斋宿，召香妃，赐帛缢死。

　　一名《伊帕尔罕》。

雍 正

弘 历

香 妃

《铁公鸡》

太平天国起义,清廷命向荣率兵御之。洪秀全军败,令张嘉祥、吴占鳌诈降向荣(以上为头本)。向荣识破诈降,使部将伪装张嘉祥乘夜反攻天国,天明再令张讨战。天国中计,杀张妻子。张无以自明,仍回向营。吴占鳌劝张同刺向荣,张嘉祥反杀吴降向荣。向荣为其改名国梁,并将己长女嫁张。长女不愿自杀。向又以次女嫁之,张遂甘为向效力(以上为二本)。清军铁金翅与向荣不和,投降天国,设宴请向荣,暗设伏兵。张嘉祥乔装马夫随向荣赴宴。饮酒间,四面放火围烧,张嘉祥力救向荣。铁金翅复以兵困之。陈国瑞至,救出向荣,擒获铁金翅(以上为三本)。向荣守太平城,天国勇将林凤祥乔装樵夫暗探军情,继而率兵攻城。向荣部将张嘉祥、张玉良均外出,城被攻破。张玉良、张嘉祥得报,率领兵与向荣会合反攻,又夺回太平城(以上为四本)。

洪秀全

张嘉祥

吴占鳌

三本一名《火烧向荣》，四本一名《双夺太平城》，有时单独演出。均见《洪秀全演义》。共十二本，后八本不录。铁公鸡亦天国勇将名，戏中原有张嘉祥刺铁公鸡情节，故以为剧名。原为同州梆子章目，秦腔泛演《铁公鸡》单折，以真刀真枪为特色，有三节榄枷、双手带（双刀）、小钎子（匕首）等，带彩有穿心刀、匕首穿目、铡刃斜劈肩胸等。西安易俗社、咸阳益民社杨安民、益庆民、袁兴民等，东府榛苓社闫春苓、沈元民、王景科，宝鸡新汉社王新华、王新虎、筋头猴等演于关中各市县及乡镇庙会，常常使观众看得目瞪口呆。

向荣

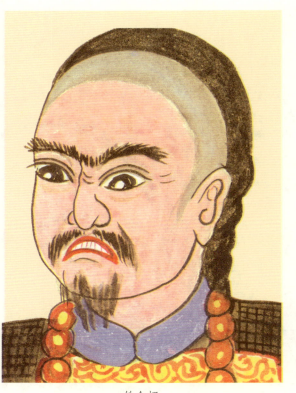

铁金翅

《韩宝英》

翼王石达开因北王韦昌辉杀东王杨秀清加以责劝，韦昌辉拟害石。石达开告义女韩宝英及部将沈祥凤后，出镇江避祸。韦杀石家小，石子孝康在外得免，乘船失火落海，漂流至荒岛。岛主苗王有二女石头、小冰，为大臣哈达觊觎。苗王留孝康，命牧牛马。孝康遇二女诉身世，哈达见而嫉妒，陷害孝康，被二女解救。孝康见船，用血书射船中。船主即石达开，父子重逢。哈达逼赶石头，石父子救女登舟而去。孝康遂与石头成婚。（后不演孝康与石头事）清兵将领多尔衮击溃石达开并逼石降。韩宝英见石之部下有一人面与石达开相似，探知其名唤马如龙，乃与少将沈祥凤割爱，下嫁与马如龙，将义父石达开服装加于马如龙身上，冒石达开之名投降多尔衮。因大渡河一仗全军皆殁，石达开趁马如龙降清之际，假扮商人逃遁。韩宝英自刎，沈祥凤亦刃颈随宝英饮恨于黄泉。

此章目由李约祉编剧，易俗社刘毓中、骆秉华、宋尚华、李可易、王秉中、路西易、肖若兰等首演。咸阳益民社由惠济民导演，化民社、三原明正社、宝鸡新汉社之马振华、张志锋、冯盖民、赵化俗等演出较火。

韦昌辉

多尔衮

石达开

杨秀清

《塔子沟》

　　咸丰时奉天巡抚崇实因镇压绿林有功，御赐良马。李金玉夜中盗马而去。崇命镖客严桂芳访拿。严探知李在塔子沟将马转赠其友方金龙，乃先访李索马。李不允，严回衙请兵围攻方家堡，擒方金龙，追回御马。

　　长安王正秦、王桃兆、杨安民、李庆民（京剧名家孝亭传授），新汉社王新华、李新杰、王新虎，榛苓社闫春苓、申元民等均擅演。

方金龙

严桂芳

李金玉

《杀子报》

　　光绪初南通州王世成身故,遗妻徐氏及一双儿女。徐氏与天齐庙僧纳云私通,其子官保虽幼而明察,怒逐纳云。徐氏怒,夜中趁官保睡熟杀之,并碎其尸;逼女金定将之藏入油坛。官保塾师曾微闻官保之言,见其不来,疑而询徐氏;又于金定口中探知,乃出首州衙。州官不信,反押禁塾师。塾师夜梦官保托兆,醒再击鼓申诉。州官乃乔装卜者私访,探得实情,逮拿徐氏、纳云定罪。

　　一名《阴阳报》,又名《油坛记》、《通州奇案》。本清末实事,失人伦而形象残酷、淫恶,已久停不演。1940年冬泾阳县王桥觉民社(临时班)以男旦赵景兰、女伶杨醒花,户县张振民、赵云峰,礼泉县"仁娃子"(扮官保)等,在泾阳桥底演出时,笔者扮刽子手,将徐氏、纳云绑于台口左右高场(桌上置凳)表演用"刮刑"。

恭子　徐氏

王老好　曾微

纳云僧

朝代不明
故事戏

《紫霞宫》

吴晚霞嫁谷梁栋，因继母收留前夫之子吕子焕、女吕花伴，加以谏阻不听，吕兄妹恨之。谷梁栋赴试，吴晚霞向僧人问卜，赠以金钗。吕兄妹向母诬晚霞不贞，母反责吕兄妹。吕兄妹乘夜勒死晚霞，葬于荒郊。义盗花文豹劝新城知县宁琦玉兴兵清君侧，反被宁刺配，遇谷梁栋、范仕增，三人结拜而别。吕兄妹趁夜偷掘晚霞之墓。吕子焕杀妹花伴，独窃金去。地藏王救晚霞还魂。晚霞被恶僧用药迷到，抬入筐中，为花文豹所救。谷梁栋中式，改名朱梁栋，从徐赞出征，夫妻相会，擒斩吕子焕及恶僧海惠和尚。

旧时科班必修章目全本剧戏之一。李步林、贾德善、梁德旗、白佳寿、董育生、阎皮、王金良、晁天民（七娃）、何家彦、罗福生、王世杰、金言芝、何振中、刘玉华等演出，咸阳县益民社、新兴社先后继承人有杨安民、杨苓中、生角张建民、权三民、袁兴民、贾玉华、王明华、荆晓中、彭易国、董化责、赵化俗、李庆民、李正福、姚振杰、刘鸿秦、关全民及笔者等，均分行当在该剧中扮演了各自应工之角色。

宁琦玉　　　　花文豹　　　　吕花伴　吕子焕

范仕增　谷梁栋　　　吴晚霞　　　海惠僧

《锯大缸》

　　百草山中旱魃化身为王家庄王大妈，取死人噎食罐炼成黄瓷缸，用以抵御雷劫。后巨灵神将缸撞裂，王大娘觅人补缸。观音乃遣土地幻作补缸工匠，假作修锯，故意打碎其缸。旱魃怒欲加害，观音请天兵天将斩除旱魃。

　　惯称《百草山》，又名《大补缸》、《百鸟朝凤》。见《钵中莲》传奇。1936年秋，名家谢新民为益民社排于泾阳县，笔者曾扮哪吒一角，关全民扮土地、姚振杰扮王大娘（彩旦）。

杨　戬

巨灵神

土地　王大娘

观　音

图书在版编目（CIP）数据

秦腔历代故事戏脸谱／高登云绘、撰文．—北京：学苑出版社，2009.9
ISBN 978-7-5077-3413-3

Ⅰ．秦… Ⅱ．高… Ⅲ．秦腔－脸谱 Ⅳ．J825.415

中国版本图书馆 CIP 数据核字（2009）第 154051 号

出 版 人：孟 白
责任编辑：潘占伟　洪文雄　刘 涟
整体设计：徐道会
内文制作：邹红梅
出版发行：学苑出版社
社　　址：北京市丰台区南方庄2号院1号楼
邮政编码：100079
网　　址：www.book001.com
电子信箱：xueyuanyg@sina.com
　　　　　xueyuan@public.bta.net.cn
销售电话：010-67674055　67675512　67678944
印　　刷：保定华升印刷有限公司
开　　本：720×980　1/8
印　　数：500
版　　次：2009年10月北京第1版
印　　次：2009年10月第1次印刷
定　　价：900.00元